Fundamenta Juris Publici

herausgegeben von
Rolf Gröschner, Matthias Jestaedt
und Hans-Peter Schneider

3

Martin Morlok

Soziologie der Verfassung

mit Kommentaren von
Indra Spiecker genannt Döhmann
und Wolfgang Hoffmann-Riem

Mohr Siebeck

Martin Morlok, geb. 1949, ist Inhaber des Lehrstuhls für Öffentliches Recht, Rechtstheorie und Rechtssoziologie an der Heinrich-Heine-Universität Düsseldorf.

Indra Spiecker genannt Döhmann, geb. 1970, hat einen Lehrstuhl für Öffentliches Recht, Informationsrecht, Umweltrecht und Verwaltungswissenschaft an der Goethe-Universität Frankfurt am Main inne.

Wolfgang Hoffmann-Riem, geb. 1940, ist Bundesverfassungsrichter a.D. und Affiliate Professor für rechtswissenschaftliche Innovationsforschung an der Bucerius Law School in Hamburg.

Zitierbeispiele:
Martin Morlok, Soziologie der Verfassung, Tübingen 2014 (FJP 3), S. 1 (25)

Wolfgang Hoffmann-Riem, Kommentar, in: Martin Morlok, Soziologie der Verfassung, Tübingen 2014 (FJP 3), S. 119 (126)

ISBN 978-3-16-153624-3
ISSN 2194-8364 (Fundamenta Juris Publici)

Die Deutsche Nationalbibliothek verzeichnet diese Publikation in der Deutschen Nationalbibliographie; detaillierte bibliographische Daten sind im Internet über *http://dnb.dnb.de* abrufbar.

Das Buch wurde von Martin Fischer in Tübingen aus der MinionPro gesetzt, von Gulde-Druck in Tübingen auf alterungsbeständiges Werkdruckpapier gedruckt und von der Buchbinderei Nädele in Nehren gebunden.

Vorwort der Herausgeber

Fundamenta Juris Publici (FJP) ist die Schriftenreihe des Gesprächskreises „Grundlagen des Öffentlichen Rechts“, der sich 2011 als Sektion der Tagung der Vereinigung der Deutschen Staatsrechtslehrer konstituiert hat. Die im Jahresrhythmus erscheinenden Bände dokumentieren den in der Sektionssitzung gehaltenen Vortrag und die beiden dazu abgegebenen Kommentare. Der Reihentitel bekräftigt den Anspruch des Kreises, das wissenschaftliche Gespräch auf die „Grundlagen“ zu konzentrieren: auf die ideen-, verfassungs- und verwaltungsgeschichtlichen, die rechts-, sozial- und staatsphilosophischen sowie die rechtstheoretischen, -dogmatischen und -soziologischen Fundamente des ius publicum.

Im vorliegenden dritten Band wird das Thema „Soziologie der Verfassung“ vorgetragen von Martin Morlok und kommentiert von Indra Spieker genannt Döhmann sowie Wolfgang Hoffmann-Riem.

Nürnberg, Freiburg i. Br. und
Hannover, im August 2014

Rolf Gröschner
Matthias Jestaedt
Hans-Peter Schneider

Volkmann, AöR 141, 307

Inhaltsverzeichnis

Soziologie der Verfassung

von *Martin Morlok*

Soziologie der Verfassung

von *Martin Morlok*

„Verfassungssoziologie"* – das Wort verheißt neues, relevantes Wissen über die Verfassung. Dieses Wissen liegt in der Richtung der Realbedingungen und tatsächlichen Auswirkungen einer Verfassung – wen würde das – zumal in diesem Kreise – nicht interessieren? Freilich ist unklar, was genau mit „Verfassungssoziologie" gemeint ist. Ich nehme an, Ihnen geht es nicht viel anders als mir: Eine ungefähre Vorstellung, was sich mit dem Begriff der Verfassungssoziologie verbindet, stellt sich sofort ein, genaue Konturen hat dieses Wissenschaftsgebiet, wenn es denn ein solches ist, aber nicht. Genau dies hat mich gereizt, das Angebot anzunehmen, in diesem Kreise über Verfassungssoziologie zu sprechen: um auch für mich eine klare Vorstellung dessen zu gewinnen, was man mit „Verfassungssoziologie" meinen kann, mehr noch, was man vernünftigerweise mit dieser Bezeichnung verbindet.

---

* Für engagierte und umsichtige Hilfe bei der Besorgung und Verwaltung der Literatur danke ich *Theresa Witt*.

I. Unbestimmtheit des Themas

1. Kein wohletablierter Begriff der Verfassungssoziologie

Mein Thema ist von erheblicher Unbestimmtheit. Das hat zunächst damit zu tun, dass der zusammengesetzte Begriff aus zwei je für sich vielschichtigen und assoziationsreichen Elementen („Verfassung" und „Soziologie") besteht. Weiter handelte es sich bei „Verfassungssoziologie" auch nicht um einen eingeführten fachlich wohl etablierten Begriff. Sucht man etwa bei Beck-online,[1] so findet man, von einem einschlägigen Aufsatz von *Hasso Hofmann* abgesehen,[2] praktisch nichts. Auch eine Google-Suche hat mich bei der Vorbereitung dieser Überlegungen nicht weiter bereichert, bereits der zweite Eintrag galt meiner im Netz stehenden Seminarankündigung für das vergangene Sommersemester über Verfassungssoziologie.[3] Man kann also den Assoziationen zunächst freien Lauf lassen, was unter dieser Überschrift an wissenschaftlichen Unternehmungen betrieben werden kann.

Der große Möglichkeitsraum dieses Begriffes wird sicher enthalten eine Untersuchung der historischen *Entstehungsbedingungen* des Instituts „Verfassung", *Chris Thornhill* hat darüber eine beeindruckende Monographie vorgelegt.[4] Es liegt weiter nahe, nach den *Erfolgsvorausset-*

---

[1] https://beck-online.beck.de, Stichwortsuche „Verfassungssoziologie", zuletzt aufgerufen am 25.06.2014.

[2] *H. Hofmann*, Von der Staatssoziologie zu einer Soziologie der Verfassung, JZ 1999, 1065 ff.

[3] Mittlerweile ist diese Ankündigung etwas nach unten gerutscht – auch hinter eine Seminarankündigung von *A. Bora* –, die Nachweislage hat sich aber nicht wesentlich verändert.

[4] *Ch. Thornhill*, A Sociology of Constitutions, 2011.

zungen einer Verfassung zu forschen, hier wird man historisch und komparativ[5] arbeiten. Handelt man von den Erfolgsvoraussetzungen einer Verfassung, muss man sich mit dem allfälligen Zitat von *E.-W. Böckenförde* auseinandersetzen: „Der freiheitliche, säkularisierte Staat lebt von Voraussetzungen, die er selbst nicht garantieren kann."[6] Bemerkenswerterweise spricht *Böckenförde* hier nicht davon, dass der Staat seine Funktionsvoraussetzungen nicht garantieren könne, sondern er spricht vom „freiheitlichen, säkularisierten Staat" und fügt dann hinzu:

„Das ist das große Wagnis, das er, um der Freiheit willen, eingegangen ist. Als freiheitlicher Staat kann er einerseits nur bestehen, wenn sich die Freiheit, die er seinen Bürgern gewährt, von innen her, aus der moralischen Substanz des Einzelnen und durch Homogenität der Gesellschaft, reguliert wird, andererseits kann er diese inneren Regulierungskräfte nicht von sich aus, d.h. mit den Mitteln des Rechtszwanges und autoritativen Gebots, zu garantieren suchen, ohne seine Freiheitlichkeit aufzugeben und – auf säkularisierter Ebene – in jenen Totalitätsanspruch zurückzufallen, aus dem er in den konfessionellen Bürgerkriegen heraus geführt hat."

Anders als manche Interpreten diese Bemerkung verstehen, lässt sich daraus gerade *nicht* herleiten, der Staat solle gewisse gesellschaftliche Umstände, etwa Religions-

---

[5] Siehe etwa zu den Bedingungen für den Erfolg oder das Scheitern von Demokratien in der Zwischenkriegszeit *M. Morlok*, Demokratische Verfassungen: Leistungsmöglichkeiten und Grenzen in: Ch. Gusy (Hrsg.), Demokratie in der Krise: Europa in der Zwischenkriegszeit, 2008, S. 398 ff.

[6] *E.-W. Böckenförde*, Die Entstehung des Staates als Vorgang der Säkularisation, in: Staat, Gesellschaft, Freiheit, 1976, S. 42 (S. 60), zuerst in: FS Forsthoff, 1967, S. 75 ff.

gemeinschaften, pflegen und fördern. Bestimmte dieser Umstände entziehen sich dem Zitat zufolge ja gerade dem Zugriff des freiheitlichen Verfassungsstaates. Man könnte systemtheoretisch davon sprechen, dass es um die Umweltbedingungen einer verfassungsrechtlichen Ordnung geht, theologisch könnte man formulieren, eine Verfassung reüssiert dann, wenn sie in der Gnade steht, wenn also hilfreiche und förderliche Umstände gegeben sind. Eine Verfassungssoziologie kann den Blick auf solche Umstände richten.

Einer Verfassungssoziologie wird man auf Anhieb auch ein Interesse an den *Leistungen* einer Verfassung zuordnen. Allerdings muss man hier sofort, will man soziologisch einigermaßen präzise sein, differenzieren nach unterschiedlichen Bezügen, in denen die Verfassung Leistungen erbringt. Die Funktion für die Gesamtgesellschaft ist eine andere als die für die – unterschiedlich zu betrachtenden – gesellschaftlichen Teilsysteme. Auch das Individuum, das je kommunikativ in verschiedene Teilsysteme eingebunden ist, für sich aber eben auch eine eigenständige, eben individuelle Existenz führt, kommt als Leistungsempfänger der Verfassung in Betracht; als leistungserbringende Elemente der Verfassung für das Individuum sind in erster Linie natürlich die Grundrechte zu nennen. Auch kann die Verfassung in der *zeitlichen Dimension* verfolgt werden, es geht dann also um „Verfassungsentwicklung",[7] deren Ursachen und Formen.

[7] Dazu *B.-O. Bryde*, Verfassungsentwicklung, 1982.

2. Mögliche Inhalte einer Verfassungssoziologie

Die Unbestimmtheit der Disziplin „Verfassungssoziologie", wie damit sichtbar geworden, hängt mit den vielen möglichen Inhalten einer wissenschaftlichen Beschäftigung unter diesem Titel zusammen. Worum geht es also, kann es gehen?

a) Inhalte

Als Inhalt einer Verfassungssoziologie haben wir soeben „große Fragen" kennengelernt, diese Fragen nach Ursprung, Leistung und Voraussetzungen einer Verfassung gehören sicher zum Themenkreis. Darüber hinaus gibt es aber auch zahllose „kleine Fragen", detailliertere Untersuchungen zu Einzelaspekten der Verfassung.

So kann man sich eine soziologische Analyse von verfassungsrechtlichen Einzelinstituten und deren Auswirkungen vorstellen. Man denke etwa an das Eigentum – zugegeben, das ist nicht gerade eine „kleine Frage" –: Die Einführung und wirksame Durchsetzung von eigentumsrechtlichen Monopolberechtigungen hat größte gesellschaftsweite Auswirkungen; ich darf hier nur an eine dem Juristen naheliegende erinnern: Wenn der Staat für seine Aktivitäten im Regelfall wegen der Eigentumsgarantie nicht auf den Güterbestand seiner Bürger zurückgreifen kann, so muss er sich die Mittel dazu durch Steuern beschaffen. Der Steuerstaat ist also – aus dem Blickwinkel des Verfassungsrechts betrachtet – auch eine Folge der Eigentumsgarantie.[8] Damit soll natürlich nicht gesagt sein,

[8] Vgl. dazu *N. Luhmann*, Politische Verfassungen im Kontext des Gesellschaftssystems, Der Staat 12 (1973), 1 ff. und 165 ff., hier 17.

dass die Ausbildung eines Steuersystems nicht auch anderer Voraussetzungen bedarf, etwa der Geldwirtschaft und des Aufbaus einer Bürokratie mit staatlichen Bediensteten. Wenn man schon mit einem groben Pinsel dicke Linien zieht, so mag man darauf hinweisen, dass wenn die Deckung des materiellen Bedarfs der Staatstätigkeit durch das Aufbringen von Geld – und nicht durch Beschlagnahme von Sachgütern – erfolgt, wir zwei verfassungsrechtliche Folgeprobleme haben: zum einen die Frage einer Begrenzung des Steuerzugriffs, ich erinnere etwa an die These vom Halbteilungsgrundsatz[9]; zum anderen eine Begrenzung der alternativen Mittelaufbringung durch Verschulden, ich spreche also von der sogenannten Schuldenbremse.[10]

Weitere Untersuchungen zu Einzelregelungen der Verfassung sind unschwer denkbar, etwa zur Wissenschaftsfreiheit oder zum föderalen Charakter der staatlichen Ordnung. Das sind alles sehr große Themen.

Es geht auch eine Nummer kleiner, so mag eine Verfassungssoziologie auch die Entscheidungsfindung an den Verfassungsgerichten in den Blick nehmen, im US-amerikanischen Raum gibt es hierzu ja eine ganze Reihe von Studien.[11] Verfassungssoziologie in diesem Sinne ist dann

---

[9] BVerfGE 93, 121 ff. (Halbteilungsgrundsatz bei der Vermögenssteuer); BVerfGE 115, 97 ff. (Kein Halbteilungsgrundsatz bei der Einkommens – und Gewerbesteuer); *J. W. Hidien*, Länderfinanzausgleich und steuerrechtlicher Halbteilungsgrundsatz, JZ 1998, 607 ff.

[10] Eingeführt im Rahmen der Föderalismusreform II durch das „Gesetz zur Änderung des Grundgesetzes (Artikel 91 c, 91 d, 104 b, 109, 109 a, 115, 143 d)“ im Jahre 2009.

[11] *B. Woodward / S. Armstrong*, The Brethren, 1979; *T. E. George / L. Epstein*, On the Nature of Supreme Court Decision Making, American Political Science Review 86 (1992), 323 ff.; *M. J. Richards /*

eine Soziologie der Verfassungsinstitutionen.[12] Darin spiegelt sich die Differenzierung in eine ideelle und eine institutionelle Dimension auch des Verfassungsrechtes. Forschungen dieser Richtung stehen dann auch im Zusammenhang mit der altbekannten Richtersoziologie, sie fragen nach sozialen Hintergründen,[13] nach ideologischen Präferenzen der Richter und den Auswirkungen dieser Faktoren im Entscheidungsverhalten,[14] auch die Grup-

---

H. M. Kritzer, Jurisprudential Regimes in Supreme Court Decision Making, American Political Science Review 96 (2002), 305 ff.

[12] Siehe etwa *B.-O. Bryde*, Die Verfassungsgerichtsbarkeit in der Rechtssoziologie, in: FS Blankenburg, 1998, S. 491 ff.; s. auch die frühe Arbeit von *D. P. Kommers*, Judicial Politics in West Germany – A Study of the Federal Constitutional Court, 1976, zu den Institutionen im Besonderen S. 69 ff, etwa zur „Umwelt" des Gerichts oder der errungenen Autonomie für die interne Organisation; *W. Dopatka*, Das Bundesverfassungsgericht und seine Umwelt, 1982, der Aspekte der Selbstdarstellung des Gerichts, der Kontaktsysteme und der Verteidigung der Verfahrensautonomie u. a. verfolgt; zu den Formen und Mechanismen der internen Strukturierung des Entscheidungsprozesses am Bundesverfassungsgericht *U. Kranenpohl*, Hinter dem Schleier des Beratungsgeheimnisses, 2012; s. auch unten bei und in Fn. 110.

[13] Dazu seinerzeit insbesondere *W. Kaupen*, Die Hüter von Recht und Ordnung, 1969; *W. Kaupen/R. Werle*, Soziologische Probleme juristischer Berufe, 1974; *W. Richter*, Zur Bedeutung der Herkunft der Richter für die Entscheidungsbildung, 1973. Freilich zeigte sich im Laufe der Zeit, dass Merkmale der sozialen Herkunft und andere sozialstatistische Indikatoren nur sehr begrenzt das Entscheidungsverhalten erklären können, siehe nur H. Rottleuthner (Hrsg.), Studien zur Arbeitsgerichtsbarkeit, 1984. Die konkrete Einbindung in die juristische Profession und den institutionelle Kontext scheinen deutlich stärker das Entscheidungsverhalten zu bestimmen, siehe insoweit *K. I. Lee*, Die Struktur der juristischen Entscheidung aus konstruktivistischer Sicht, 2008, s. bes. zur mikroinstitutionellen Dimension S. 201 ff.

[14] Auch hierzu existieren zahlreiche Studien, vgl. im US-amerikanischen Raum u. a. *S. J. A. Segal/A. D. Cover*, Ideological Values and

pendynamik im Spruchkörper ist eine nicht unbeachtliche Größe für die konkrete Herstellung einer Gerichtsentscheidung.

Die *symbolischen Wirkungen* einer Verfassung stellen ein weiteres Feld dar (dazu noch unten III 3 b)). Es geht dabei um empirisch und schon gar juristisch nur schwer greifbare Wirkungen einer Verfassung, die nicht zuletzt auch in der Integrationswirkung einer Verfassung liegen. Insofern könnte man daran denken, die Ausführungen von *Smend*[15] auf den heutigen Stand der Wissenschaft zu bringen.

Schließlich und nicht zuletzt ist an das ganze Spektrum der „normalen" Rechtssoziologie zu erinnern, das in weiten Teilen auch für das Verfassungsrecht spezifiziert werden kann. Das brauche ich hier nicht weiter auszuführen.

---

the Votes of U.S. Supreme Court Justices, American Political Science Review 83 (1989), 557ff.; *J. A. Segal/L. Epstein/C. M. Cameron/H. J. Spaeth*, Ideological Values and the Votes of U.S. Supreme Court Justices Revisited, J. Pol. 57 (1995), 812ff.; *J. A. Segal/H. J. Spaeth*, The Supreme Court and the Attitudinal Model Revisited, 2002; für Deutschland wurde durch *H. Rottleuthner*, Richterliches Handeln, 1973, bes. S. 61ff., dieser Forschungszweig rezipiert.

[15] *R. Smend*, Verfassung und Verfassungsrecht, 1928, auch in: ders., Staatsrechtliche Abhandlungen, 2. Aufl. 1968, S. 119ff., zur Integration durch Symbole einerseits und Normen andererseits siehe S. 108ff.; s.a. *ders.*, Integrationslehre, a.a.O., S. 475ff.; H. Vorländer (Hrsg.), Integration durch Verfassung, 2002; s. weiter die Beiträge in R. Lhotta (Hrsg.), Die Integration des modernen Staates, 2005, beispielsweise zur Grundrechtrechtsprechung des Bundesverfassungsgerichtshofs *D. Krausnick*, Staatliche Integration und Desintegration durch Grundrechtsinterpretation, S. 135ff.; aus der zeitgenössischen soziologischen Literatur zum Konzept der Integration *D. Sciulli*, Theory of Societal Constitutionalism, 1992.

b) Ziele

Eine Präzisierung dessen, was mit Verfassungssoziologie gemeint sein soll, kann weiter an deren Zielen ansetzen. Hier mag man das Bemühen, konkrete Bedürfnisse verfassungsgerichtlicher oder auch sonstiger Praxis zu erfüllen, abheben von Unternehmungen der rein wissenschaftlichen Zwecken dienenden Theoriebildung, ich komme darauf zurück (unten II 1.).

c) Der Gegenstand der Verfassungssoziologie

Eine Bestimmung der Verfassungssoziologie hat sich natürlich auch ihres Gegenstandes zu versichern.

aa) Ausweitung des Wirkungsfeldes der Verfassung

Der Hauptgegenstand der Verfassungssoziologie ist zunächst einfach zu identifizieren: die förmliche Verfassung, also die Urkunde rechtlicher Bestimmungen, deren Inhalt mit Vorrang vor dem üblichen Recht ausgestattet ist und die regelmäßig nur in einem besonderen Verfahren unter erschwerten Bedingungen abgeändert werden kann, deren Schutz typischerweise auch einer eigenständigen Verfassungsgerichtsbarkeit[16] anvertraut ist. Die soziologische Beschäftigung mit der Verfassung kann sich aber nicht auf diesen Rechtstext beschränken, per definitionem will sie die gesellschaftlichen Ursachen und Wirkungen der Verfassung in den Blick nehmen. Insofern ist es für

---

[16] Dazu *R. Wahl*, Der Vorrang der Verfassung, Der Staat 20 (1981), 485 ff.

den Zuschnitt des Arbeitsfeldes der Verfassungssoziologie wichtig, welchen Regelungsbereich man einer Verfassung zuspricht oder auch: welcher Regelungsbereich der Verfassung in Handlungen und Erwartungen der Bürger und der staatlichen Institutionen tatsächlich zukommt.

Nach der herkömmlichen Sicht enthält eine Verfassung die Kompetenzen der Staatsorgane und deren wechselseitige Zuordnung und – ganz wesentlich – auch eine Begrenzung der staatlichen Zugriffsmöglichkeiten auf die Bürger in Gestalt der Grundrechte. Nicht, jedenfalls nicht unmittelbarer Gegenstand der Verfassung ist nach dieser Auffassung eine normative Ordnung des *gesellschaftlichen* Lebens. Dieses enge Verständnis einer Verfassung klang etwa an in der Bezeichnung der alten schleswig-holsteinischen Verfassung als „Landessatzung“,[17] die Anreicherung eines solchen Organisationsstatuts um Grundrechte in ihrer Basisbedeutung als Abwehrrechte gegen den Staat ändert daran nichts Grundsätzliches.

Dem steht ein weiteres Verständnis von den Aufgaben der Verfassung gegenüber, das man in der Formel zum Ausdruck bringen kann, die Verfassung stelle die normative Grundordnung von Staat und Gesellschaft dar.[18] Für die praktische Wirksamkeit dieses Verständnisses kann man meines Erachtens Einiges anführen.

An erster Stelle dürfte zu nennen sein die Rechtsprechung des Bundesverfassungsgerichts, die, beginnend mit

---

[17] Die erste Landesverfassung von Schleswig-Holstein – die „Landessatzung“ – wurde im Jahr 1949 verabschiedet. Seit 1990 ist eine neue Landesverfassung in Kraft, die nun auch mit „Verfassung“ betitelt ist.

[18] *K. Hesse*, Grundzüge des Verfassungsrechts, 20. Auflage, 1995, Rn. 17.; *M. Morlok / L. Michael*, Staatsorganisationsrecht, 2013, S. 42 ff.

dem Lüth-Urteil, die Grundrechte als Wertordnung[19] versteht, die das *gesamte* Recht durchdringen soll. Diese Ausstrahlungswirkung auf das ganze einfache Recht, insbesondere auch auf die Zivilrecht, wurde und wird in einer Vielzahl von Entscheidungen praktiziert, so wird das Verhältnis zwischen Vermieter und Mieter,[20] zwischen Prinzipal und Handelsvertreter[21] oder zwischen Bank und den Bürgen für einen Kredit[22] bei hinreichendem Anlass auch verfassungsrechtlich beurteilt und kraft Ausstrahlung der Grundrechte die gegebene zivilrechtliche Lage modifiziert. Dies wird dogmatisch untermauert durch die Entfaltung weiterer (objektiver) Grundrechtsdimensionen;[23] dort ist insbesondere auch hinzuweisen auf die Schutzpflichtdogmatik.[24] Mit dieser Schutzpflichtdogmatik wird das Verhältnis der Privaten untereinander grundsätzlich auch an den Maßstäben der Verfassung gemessen, dann jedenfalls, wenn das Verhältnis der Bürger rechtlich reguliert ist.

Dieses Ausgreifen der Verfassung auf die gesellschaftliche Sphäre hat weitere positive verfassungsrechtliche Antriebe, insbesondere das Sozialstaatsprinzip und auch die Verpflichtung zum Umweltschutz in Art. 20 a GG; beiden Zielen kann der Staat nur durch entsprechend

---

[19] BVerfGE 9, 198 ff.; BVerfGE 21, 362 ff.; BVerfGE 49, 89 ff.

[20] BVerfGE 89, 1 ff.

[21] BVerfGE 81, 242 ff.

[22] BVerfGE 89, 214 ff.

[23] Siehe dazu *H. Dreier*, Dimensionen der Grundrechte, 1993.

[24] Siehe dazu früh *G. Hermes*, Das Grundrecht auf Schutz von Leben und Gesundheit, 1987; *K. Stern*, Das Staatsrecht der Bundesrepublik Deutschland, Band III/1, 1988, S. 931 ff.; *J. Dietlein*, Die Lehre von den grundrechtlichen Schutzpflichten, 2. Aufl. 2005; *P. Unruh*, Zur Dogmatik der grundrechtlichen Schutzpflichten, 1996.

intensive Regulierungstätigkeit im gesellschaftlichen Bereich dienen.

Damit kann sich der Verfassungsjurist nicht mehr auf die institutionalisierte Staatlichkeit begrenzen; dort kann unterstellt werden, dass eine Bereitschaft zum Rechtsgehorsam besteht, ob diese Unterstellung immer zu Recht getroffen wird, ist eine andere Frage. Mit dem Ausgreifen verfassungsrechtlicher Regelungsansprüche grundsätzlich auf den gesamten Bereich der rechtlichen Regulierungen der Gesellschaft muss man sich verstärkt mit den Realisierungsbedingungen des rechtlichen Regelungsanspruchs auseinander setzten. Damit tritt der Sozialwissenschaftler auf den Plan. Die Frage der Wirkungsmöglichkeiten wird jetzt in einem sehr viel intensiveren Sinne virulent als wenn es nur darum ginge, das Handeln der Staatsorgane anzuleiten und zu begrenzen.[25]

Dieses Hineinwirken verfassungsrechtlicher Maßstäbe in die Gesellschaft ist in Deutschland stark ausgeprägt. Selbst ohne soliden verfassungsrechtlichen Anlass beruft man sich gern auf die Verfassung, um eigene Ansprüche zu begründen oder um Einschränkungen der eigenen Interessenlage abzuwehren. Es gehört zum Alltagsrepertoire von Verbänden, drohende Einschränkungen ihrer Interessen als „verfassungswidrig" zu brandmarken und mit dem „Gang nach Karlsruhe" zu drohen.

Dies wird befördert durch ein materiales Verständnis wichtiger verfassungsrechtlicher Vorgaben, so des Verhältnismäßigkeitsprinzips, der Betroffenheit im Lichte des Gleichbehandlungsgebotes oder des hinlänglichen

---

[25] *D. Grimm*, Der Wandel des Staates und die Zukunft des Rechts, in: ders. (Hrsg.), Die Zukunft der Verfassung, 1991, S. 159 ff.

Niveaus der Erfüllung einer Schutzpflicht. Diesen Verfassungspostulaten kann nur in Ansehung der aktuellen realen Umstände genügt werden.

Rein tatsächlich ist zu konstatieren: Das Grundgesetz fungiert in Deutschland als zentrales Wertereservoir der Gesellschaft, jedenfalls der gesellschaftlichen Diskussion, es wird in den verschiedensten belastenden Situationen als „Gerechtigkeitsreserve"[26] verstanden und praktisch dann häufig auch das Bundesverfassungsgericht angerufen. Was als „ungerecht" empfunden wird, wird gerne als „verfassungswidrig" bezeichnet. Man kann ein weit entwickeltes, ja hypertrophes Verfassungsbewusstsein konstatieren.

bb) Verfassung als „Law in action"

Jedenfalls mit dieser Ausweitung der Inanspruchnahme der Verfassung, aber auch ohne diese, ist Gegenstand der Verfassungssoziologie die Verfassung als „Law in action".[27] Damit ist die alte Einsicht gemeint, dass die Wirklichkeit des Rechts – „das lebende Recht"[28] – also das, was tatsächlich als Recht praktiziert wird, nur begrenzt aus den Gesetzbüchern heraus zu erschließen ist. Rechtsprechung und faktische Praxis von Gerichten und Verwaltung, ebenso aber auch die auf das Recht gerichteten

---

[26] *M. Morlok/L. Michael*, Staatsorganisationsrecht, 2013, S. 51 ff.

[27] Zu diesem Konzept siehe *R. Abel*, Law Books and Books about Law, Stanford Law Review 26 (1973), 175 ff., wo der Unterschied zwischen Normen und Verhalten entfaltet wird, der Begriff selbst stammt von *R. Pound*, Law in Books and Law in Action, American Law Review 44 (1910), 12 ff.

[28] *E. Ehrlich*, Das lebende Recht der Völker der Bukowina, in: ders., Recht und Leben, 1967, S. 43 ff., *Ehrlichs* Akzent lag auf dem Pluralismus der in der Bukowina praktizierten Rechtsbräuche.

Erwartungen der Bürger machen erst die Rechtswirklichkeit aus. Diese Zuwendung zum „lebenden Recht" zählt vom Anfang der Rechtssoziologie an zu ihrem Gegenstandsbereich. Nicht nur die Normativität, sondern auch die Faktizität des Rechts wird von der Rechtssoziologie untersucht – und die Verfassungssoziologie ist eine Sparte der Rechtssoziologie, die, wie gezeigt, bislang allerdings wenig unter dieser Bezeichnung aufgetreten ist.

Mit der Ausweitung des Anwendungsbereiches steigt auch die Zahl und die Verschiedenartigkeit der „Verfassungsakteure". Das Wort von der „offenen Gesellschaft der Verfassungsinterpreten"[29] gewinnt damit eine soziologische Note.[30]

Noch ein Wort zur Entgegensetzung von Normativität und Faktizität: Man verkürzt die Möglichkeiten einer Rechts- oder hier Verfassungssoziologie, wenn man sie begrenzt auf das tatsächliche Rechtsgeschehen unter Ausklammerung der normativen Aspekte. Es ist gerade eine soziologisch höchst spannende Frage, was denn Normativität sei und wie sie wirkt. Hier ist insbesondere an den Versuch von *N. Luhmann* anzuknüpfen, Normen als kontrafaktisch stabilisierte Erwartungen zu verstehen.[31] Das erlaubt es, die Sollensfrage nicht metaphysisch oder eben nur als normatives Postulat zu behandeln, das man akzeptiert oder nicht, sondern nach der konkreten gesellschaftlichen Leistung von Normativität zu fragen. Anders

---

[29] *P. Häberle*, Die offene Gesellschaft der Verfassungsinterpreten, JZ 1975, S. 297 ff.

[30] S. aus soziologischer Sicht *E. Blankenburg/H. Treiber*, Die geschlossene Gesellschaft der Verfassungsinterpreten, JZ 1982, 534 ff.

[31] *N. Luhmann*, Normen in soziologischer Perspektive, Soziale Welt 20 (1969), 28 ff.

formuliert, es geht auch um die Faktizität der Normativität, oder um mit *Hermann Heller* zu sprechen, um die normalisierende Kraft der Normativität.[32] Die Zweiteilung, wie sie etwa *Georg Jellinek*[33] mit seinem soziologischen und rechtlichen Staatsbegriff vorgenommen hat, sollte nicht das letzte Wort sein.

Dass die lebende Verfassung andere Bestimmungsfaktoren und Wirkkräfte kennt als die geschriebene, ist, so betrachtet, eine soziologische Selbstverständlichkeit. Es gilt aber auch zu sehen, dass es politische Ordnungen gibt, in denen die Verfassung relativ wenig tatsächliche Bedeutung hat, und eben nicht zum Teil der Lebenswirklichkeit wird, man kann hier von „symbolischen Konstitutionalismus“[34] sprechen.

3. *Anstöße für eine Verfassungssoziologie*

Wissenschaftliche Bemühungen unter der Überschrift „Verfassungssoziologie“ sind relativ neuen Datums. Damit liegt die Frage nahe, warum es gerade oder auch erst in jüngerer Zeit zu Versuchen kommt, eine als solche ausgeflaggte Verfassungssoziologie zu entwickeln. Wenn die Verfassungssoziologie den tatsächlichen Verfassungsbetrieb beobachtet, so kann man in einer Beobachtung zweiter (oder je nach Zählweise höherer) Ordnung[35] das

---

[32] *H. Heller*, Staatslehre, (zuerst 1934), hier zit.: 4. (unv.) Auflage 1970, S. 252 f., diese Formulierung mag man als eine Lesart des Luhmannschen kontrafaktischen Erwartens verstehen.

[33] *G. Jellinek*, Allgemeine Staatslehre, 4. Neudruck der 3. Auflage, S. 174 ff.

[34] *M. Neves*, Symbolische Konstitutionalisierung, 1998.

[35] Zur Entfaltung der Eigenarten einer Beobachtung zweiter Ordnung *N. Luhmann*, Soziologie des Risikos, 1991, 235 ff.; *ders.*, Beobach-

Aufkommen und die Entwicklung der Verfassungssoziologie beobachten. Lassen Sie mich einige Faktoren benennen, die zur Entwicklung einer Verfassungssoziologie beigetragen haben dürften.

Anreize für eine Hinwendung zu verfassungssoziologischen Fragestellungen dürften vom Unsicherwerden bisher für selbstverständlich gehaltener Gegebenheiten ausgehen; insofern ist eine Unsicherheit hinsichtlich des Anwendungsfeldes der Verfassung (a) wie auch des Fortbestandes bestimmter sogenannter Verfassungsvoraussetzungen (b) gegeben.

a) Gegenstandsbereich der Verfassung

Beim Anwendungsfeld geht es zunächst um das eben skizzierte – verfassungsrechtlich begründete und verfassungsdogmatisch unterstützte – Ausgreifen der Verfassung auf die Gesellschaft. Dadurch rückt die Gesellschaft stärker in das Blickfeld der Verfassungsrechtler. Insbesondere stellte sich damit auch die Frage, wie der Einwirkungswillen der Verfassung – die normative Kraft der Verfassung –[36] auf gesellschaftliche Bereiche realisiert werden kann. Die Erfolgsbedingungen staatlichen Handelns müssen in der Folge dieser Ausweitung des Regulierungsanspruchs erforscht werden. Im Zuge dessen kam es auf unterverfassungsrechtlicher Ebene zur Entwicklung einer Reihe von Arten der Rechtswirkungsforschung,[37] die etwa un-

---

tungen der Moderne, 1992, etwa S. 44 ff., 64 ff., 98 ff.; für Anwendungen auf das Recht, *ders.*, Das Recht der Gesellschaft, 1993, 404 ff.

[36] *K. Hesse*, Die normative Kraft der Verfassung, 1959.

[37] *Th. Gawron / R. Rogowski*, in: Th. Raiser / R. Voigt (Hrsg.), Durchsetzung und Wirkung von Gerichtsentscheidungen, 1990;

ter dem Titel der Implementationsforschung[38] oder der Evaluationsforschung[39] betrieben werden. Im Hinblick auf Einwirkungsansprüche der Verfassung gehören diese Aktivitäten zu einer Verfassungssoziologie.

Ein weiterer Anlass, sich auch mit soziologischen Mitteln um Verfassungsfragen zu bemühen, liegt in der Europäisierung und auch sonstigen Supranationalisierung und Internationalisierung rechtlicher Regelungen. Dem liegt zugrunde die tatsächliche zunehmend enge Verflechtung in der Weltgesellschaft.[40] „Globalisierung"[41] lautet das einschlägige Schlagwort. Eine Vielzahl von Problemen, man denke an den Umweltschutz oder die Regulierung weltweiter Wirtschaftsaktivität, an Seuchenbekämpfung oder Verkehrsverbindungen, können mit einiger Aussicht auf Erfolg nur in größerem Maßstab als dem des Nationalstaates in Angriff genommen werden. Hierzu hat sich eine Vielzahl rechtlicher Regulierungen verschiedenster Art –

H. Hof/G. Lübbe-Wolff (Hrsg.), Wirkungsforschung zum Recht, 1999.

[38] *R. Mayntz*, in: dies. (Hrsg.), Implementation politischer Programme I, 1980; *A. Winterhoff-Heritier*, Politikimplementation, 1980; als Überblicksrezension siehe *J. Reese*, Implementationsforschung, Soziologische Revue 5 (1982), 37 ff.; als beispielhafte Einzelstudie *H. Treiber*, Die Macht der Routine oder Was geschieht nach dem Inkrafttreten eines (Reform-)Gesetzes, in: ders., Vollzugskosten des Rechtsstaates, 1989, S. 159 ff.

[39] J.-E. Furubo et al. (Hrsg.): International Atlas of Evaluation, 2002; G. M. Hellstern/H. Wollmann (Hrsg.), Handbuch zur Evaluierungsforschung, Bd. 1, 1984; *R. Stockmann*, Evaluation, 2010.

[40] Stichwortgebend *N. Luhmann*, Die Weltgesellschaft, ARSP 57 (1971), 1 ff.; *R. Stichweh*, Die Weltgesellschaft, 2000; zur Diskussion des Konzepts siehe etwa *M. Albert/L. Brock/H. Schmidt/C. Weller/K. D. Wolf* (Forschungsgruppe Weltgesellschaft 1996), Weltgesellschaft – Identifizierung eines „Phantoms", PVS 37 (1996), 5 ff.

[41] Hierzu etwa *U. Beck*, Was ist Globalisierung?, 1997.

völkerrechtlicher, supranationaler und auch privatrechtlicher – herausgebildet, die einerseits mit den herkömmlichen Instrumenten der Rechtswissenschaft nicht recht erfasst werden können, die auf der anderen Seite aber auch ihrerseits nach einer Super-Normierung, auch in Form einer Begrenzung, fragen lassen. Nicht zuletzt werfen diese Regelwerke auch ein Legitimitätsproblem auf, eine klassische Aufgabe nationaler Verfassungen lag ja gerade darin, die Rechtsetzung durch demokratische Prozesse zu legitimieren. Im Einzelnen lassen sich unterschiedliche Diskussionszusammenhänge identifizieren.

Die europäische Integration mit ihrem Mehrebenensystem hat zu einem Staaten- und eben auch Verfassungsverbund[42] geführt, der nach wie vor wissenschaftlich weiter durchdrungen werden muss, hierzu kann auch die Verfassungssoziologie einen Beitrag leisten. Die Auseinandersetzung darüber, ob die Verträge eine Verfassung bilden oder auch darüber, ob die Europäische Union ein taugliches Anwendungsfeld für eine Verfassung in einem anspruchsvollen oder in bestimmter Weise spezifischen Sinne ist, sollte nicht nur mit Argumenten geführt werden, die aus der Entstehungsgeschichte von Verfassungen stammen, in der die Verfassungen in der Tat auf eine staatliche Einheit bezogen waren, sondern sich auch des Instrumentariums der Soziologie hinsichtlich Aufgaben und Funktionen einer Verfassung bedienen. Was das weite Geflecht völkerrechtlicher Verträge angeht, so wird seit einiger Zeit eine lebhafte Diskussion um die *Konstitutionalisierung*

[42] *I. Pernice*, Multilevel Constitutionalism in the European Union, European Law Review, volume 27 (2002), S. 511–529.

des Völkerrechts[43] geführt. Auch stärker das Privatrecht einbeziehend sind die Überlegungen zu einem „transnationalen Recht" schlechthin.[44]

Für diese neuen – möglichen – Anwendungsfelder verfassungsrechtlicher Regelung empfiehlt es sich mithin, auch die Soziologie zu aktivieren. Kurz, die Frage der Ausweitung von Kompetenzen, Gewährleistungen und Restriktionen über den Nationalstaat hinaus stellt die Verfassungsfrage neu auf die wissenschaftliche Tagesordnung und sollte mit dem gesamten Repertoire der Wissenschaft, unter Einschluss der Soziologie, bearbeitet werden.

Aktuell ist auch hinzuweisen auf Überlegungen, ein „Verfassung" genanntes Selbstbeschränkungsinstrument auszuweiten auf andere Funktionssysteme als das politische System, und zwar in globalem Maßstab, die Beschränkung auf Staaten also aufzugeben. Für solche Vorschläge stehen *G. Teubner*[45] und *A. Fischer-Lescano*[46] (dazu noch unten IV 2).

---

[43] S. dazu etwa *J. Frowein*, Konstitutionalisierung des Völkerrechts, BerDGVR 39 (2000), 427ff; *M. Knauff*, Konstitutionalisierung im inner- und überstaatlichen Recht – Konvergenz oder Divergenz?, ZaÖRV 68 (2008), 453 ff.; *G. Nolte*, Das Verfassungsrecht vor den Herausforderungen der Globalisierung, VVDStRL 67 (2008), 129 ff., *R. Poscher*, Das Verfassungsrecht vor den Herausforderungen der Globalisierung, VVDStRL 67 (2008), 160 ff. m. w. N. Instruktiv zur Diskussion *R. Wahl*, Verfassung jenseits des Staates – eine Zwischenbilanz, in: M. Hochhuth (Hrsg.), Nachdenken über Recht und Staat, 2010, S. 107 ff.

[44] Zu solchen Fragen *D. Grimm*, Das Öffentliche Recht vor der Frage nach seiner Identität, 2012, S. 40 ff.; weiter die Beiträge in G.-P. Calliess (Hrsg.), Transnationales Recht, 2014, den Verfassungsaspekt akzentuiert *M. Neves*, Transconstitutionalism, 2013.

[45] *G. Teubner*, Verfassungsfragmente, 2012.

[46] *A. Fischer-Lescano*, Globalverfassung, 2005; *ders.*, Die Emergenz der Globalverfassung, ZaöRV 63 (2003), 717–760.

b) Verfassungsvoraussetzungen

Über die gesellschaftlichen Voraussetzungen einer funktionierenden Verfassung nachzudenken, wird auch angestoßen von dem tatsächlichen oder jedenfalls mutmaßlichen Zerfall sogenannter Verfassungsvoraussetzungen.

Eine Verfassung ist nicht mehr heteronom zu gewährleisten, wie *Rudolf Smend*[47] es formuliert hat. Der sonst hinter dem Recht stehende staatliche Zwangsapparat kann zur Durchsetzung der rechtlichen Pflichten der Staatsorgane eben nicht eingesetzt werden. Der Konsens mit der Verfassung ist deswegen eine laufend zu erhaltende Funktionsvoraussetzung dieser.[48] Wegen dieses notwendigen Selbststandes einer Verfassung sind Verfassungsjuristen stärker als andere Juristen darauf angewiesen, sich Gedanken um die Akzeptanz des Rechts zu machen.

Die Fragen nach einer „Erosion von Verfassungsvoraussetzungen" waren ja unlängst der Obertitel der Berichte und Diskussionen auf der Tagung unserer Vereinigung.[49] Auch die Gedächtnisschrift für *Winfried Brugger* geht unter dem Titel der Verfassungsvoraussetzungen[50] solchen Fragen nach.

---

[47] *R. Smend*, Verfassung und Verfassungsrecht, in: ders., Staatsrechtliche Abhandlungen, 3. Aufl. 1994, S. 119 (195).

[48] *M. Morlok*, Was heißt und zu welchem Ende studiert man Verfassungstheorie, 1988, S. 96 ff.

[49] Erosion von Verfassungsvoraussetzungen, VVDStRL 68 (2009), mit Einzelberichten von *U. Sacksofsky*, S. 7 ff., *Ch. Möllers*, S. 47 ff., *U. Darvy*, S. 122 ff., *P. Achser*, S. 177 ff., *W. Kluth*, S. 246 ff., *S. Baer*, S. 290 ff., *B. Holznagel*, S. 381 ff. und *H.-D. Horn*, S. 413 ff., es ging dabei u. a. um die zunehmende religiöse Pluralisierung, die das mehr oder weniger große Maß sozialer Ungleichheit, den demokratischen Wandel und die vermutete Erosion demokratischer Öffentlichkeit.

[50] Verfassungsvoraussetzungen, Gedächtnisschrift für Winfried

Die oft erörterte zunehmende Individualisierung und Pluralisierung in Werthaltungen und sozialen Milieus – auch für den religiösen Bereich[51] – erschüttert die Annahme einer erheblichen Homogenität des unter der Verfassung lebenden Volkskörpers und lässt nach der Bedeutung von dessen Zusammensetzung für gelingende Verfassungsstaatlichkeit fragen.[52] Diese Homogenitätsdiskussion bildete ja einen Aspekt der Weimarer Diskussion, so setzte *C. Schmitt* eine ethnische Einheit voraus, *H. Heller* akzentuierte die soziale Homogenität und *R. Smend* betonte die Notwendigkeit der (geistigen) Integration.

II. (Einige) Eingrenzungen und Ausweitungen

Die große Weite wie die Unbestimmtheit unseres Themas verlangen einerseits nach Eingrenzungen, andererseits sollten aber auch Ausweitungen dessen, was als thematisch einschlägig angesehen wird, nicht unbesehen verneint werden.

Brugger, 2013; weiter *A. Uhle*, Verfassungsvoraussetzungen, in: FS Kirchhof, Band I, 2013, S. 149 ff., s. o. Auch J. Isensee, Grundrechtsvoraussetzungen und Verfassungserwartungen an die Grundrechtsausübung, in: ders./P. Kirchhof (Hrsg.), Handbuch des Staatsrechts, 3. Aufl., Band 9, 2011, § 190 Rn. 87 ff.

[51] S. dazu nur mit weiteren Nachweisen *Ch. Waldhoff*, Neue Religionskonflikte und staatliche Neutralität, Gutachten D zum 68. Deutschen Juristentag, 2010, D 13 ff.

[52] S. etwa die Annahme, es bedürfe einer hinreichenden kulturellen Homogenität als Verfassungsvoraussetzung, so etwa *A. Uhle*, Staat – Kirche – Kultur, 2004, dazu kritisch *Ch. Möllers*, Religiöse Freiheit als Gefahr?, VVDStRL 68 (2009), 47 (59, Fn. 64).

1. Verfassungssoziologie für Juristen und für Soziologen

Verfassungssoziologie steht, schon dem Namen nach, zwischen Rechtswissenschaft und Soziologie. Die Verfassung ist sozusagen natürlicher Gegenstand der Verfassungsrechtswissenschaft, aber auch Gegenstand der Soziologie; wie zahllose andere Gegenstände kann sie mit den Mitteln der Soziologie analysiert werden. Damit sind grundsätzlich zwei unterschiedliche Perspektiven eröffnet: die einer Verfassungssoziologie für und durch Juristen und diejenige einer Verfassungssoziologie für und durch Soziologen.

a) Juristische Verfassungssoziologie

Die juristische Verfassungssoziologie ist eine Grundlagendisziplin der Rechtswissenschaft und ist als solche ausgerichtet auf Zwecke der Rechtswissenschaft. Die soziologische Betrachtung der Verfassung soll dazu beitragen, diese besser zu verstehen, ihre Wirkchancen und ihre Wirkhindernisse auszuloten, Folgen einer Verfassung und bestimmter einzelner verfassungsrechtliche Institute abzuschätzen.

Letztlich verfolgt diese juristische Verfassungssoziologie aber ein *normatives* Interesse: Es geht darum, die Verfassung gut und richtig anzuwenden. Damit nimmt diese Verfassungssoziologie einen *rechtssysteminternen Standpunkt* ein. Die Rechtswissenschaft zielt letzten Endes auf die – richtige – Entscheidung von Fällen. Das Unternehmen der Rechtswissenschaft geht darauf, Entscheidungshilfe zu liefern. Die Spielart der dogmatischen Rechtswissenschaft stellt solche Entscheidungshilfen zur Verfügung, die

Grundlagenfächer sind von der Verpflichtung, unmittelbar Entscheidungshilfen zu fertigen, zwar entbunden, zielen mit ihren Aktivitäten aber oftmals auch darauf, die Dogmatik als die Anwendungshilfen für das geltende Recht zu verbessern, sind darauf aber nicht festgelegt. Die Grundlagendisziplinen können selbstverständlich auch ihre normative Verpflichtung auf die aktuelle Verfassung dispensieren und sich rein wissenschaftlich betätigen, dies ist schon allein um rechtspolitischer Intentionen willen nötig.

b) Soziologische Verfassungssoziologie

Als Soziologie ist die Verfassungssoziologie frei von der normativen Verpflichtung auf die Verfassung. Insofern stellt sie eine *rechts(system)externe* Betrachtung an, dies auch rein äußerlich: Sie ist nicht in die Institutionen des Rechtswesens oder Rechtswissenschaft eingestellt. Die rechtswissenschaftliche Verwendbarkeit ihrer Ergebnisse ist für ihre Arbeit nicht leitend und keinesfalls identitätsprägend. Es kann selbstverständlich vorkommen, dass ein Soziologe innerhalb eines rechtlichen Institutionenzusammenhangs arbeitet und dort seine besondere Rolle und seinen eigenen Blickwinkel betont, um eben seine Besonderheit hervorzuheben und seinen eigenen Blickwinkel zu verteidigen. Die soziologische Theorie hat von vornherein Distanz zum juristischen Betrieb. Sie verfolgt eigene Zwecke – andere als die Rechtswissenschaft und die von dorther betriebene Verfassungssoziologie. Damit steht sie in einem weiteren Fragenhorizont. Ihr leitendes Interesse ist Erkenntnis (und nicht Entscheidungshilfe).[53]

[53] Zu dieser Charakterisierung der Rechtswissenschaft durch den

Die unter rein soziologischen Vorzeichen betriebene Verfassungssoziologie widmet sich auch rein innerwissenschaftlichen Fragestellungen, unabhängig von juristischen Verwendungsmöglichkeiten.

c) *Doppelte, aber nicht isolierte Zugangsweisen*

Diese zwei Zugänge zur Verfassungssoziologie finden sich auch in der allgemeinen Rechtssoziologie. Hier haben sie sogar zur institutionellen Verfestigung in der Gestalt geführt, dass es zwei wissenschaftliche Vereinigungen gibt, die die Rechtssoziologie betreiben, die eine von der Soziologie aus,[54] die andere von der Rechtswissenschaft aus.[55] Konflikte zwischen diesen haben sich aber mittlerweile beruhigt und zu einer sehr konstruktiven engen Kooperation geführt. Dieses institutionelle Zusammenwirken gilt auch für die Inhalte und es steht auch zu hoffen, dass es für die Verfassungssoziologie zu einem fruchtbaren Austausch zwischen den beiden Perspektiven kommt. Die von juristischen Verwendungsinteressen freie Verfassungssoziologie mag durchaus Anregungen auch für die rechtswissenschaftlich interessierte Verfassungssoziologie kommen. Der aus der Rechtswissenschaft kommende Leser der Verfassungssoziologie sollte also nicht vorschnell rein soziologische Erkenntnisinteressen als für ihn irrelevant verwerfen.

Gegensatz von Entscheidung und Erkenntnis siehe *W. Krawietz*, Juristische Entscheidung und wissenschaftliche Erkenntnis, 1978.

[54] Die Sektion Rechtssoziologie in der „Deutschen Gesellschaft für Soziologie“ wurde 1972 gegründet.

[55] Die als „Vereinigung für Rechtssoziologie“ 1976 gegründete wissenschaftliche Gesellschaft firmiert seit 2010 als „Vereinigung für Recht und Gesellschaft“.

2. Lange Tradition einer Verfassungssoziologie

Der Begriff der Verfassungssoziologie ist einigermaßen neu, die Sache selbst aber sehr viel älter. Es gibt eine reiche Tradition von verfassungssoziologischem Denken avant la lettre. Kluge Verfassungsjuristen haben sich immer schon für die Einbindung der rechtlichen Ordnung in die gesellschaftlichen Umstände interessiert, dafür, ob diese förderlich oder abträglich für bestimmte Ordnungsmodelle sind. Ähnliches gilt für von der Geschichtswissenschaft herkommende Schritte, auch hier hat man die soziologischen Fragestellungen und Erkenntnisse immer wieder in das Forschungsprogramm integriert. Genannt sei beispielhaft *Otto Hintze*.[56]

Den Begriff selbst hat in jüngerer Zeit früh *Ernst Fraenkel* verwendet,[57] freilich nicht mit konzeptionellem Anspruch, sondern als ihm selbstverständliche Erweiterung des Blickfeldes.

Mancherlei Diskussionszusammenhänge haben ihren Angelpunkt in der Zustimmung oder in der Ablehnung verfassungssoziologischer Überlegungen für die Staatsrechtswissenschaft, so kann man die Weimarer Diskussion zwischen sogenannten Positivisten und Antipositi-

---

[56] *O. Hintze*, Soziologie und Geschichte, 2. Aufl. 1964.

[57] Siehe etwa *E. Fraenkel*, Strukturdefekte der Demokratie und deren Überwindung (zuerst 1964), in: ders., Deutschland und die westlichen Demokratien, 9. Aufl. 2011, 91 (97), siehe aber auch die Ausführungen zu Verfassungsgepflogenheiten und der „Lebenden Verfassung" und den „Verfassungsrealitäten" S. 95 f. und weitere ähnliche Formulierungen; *ders.*, Der Pluralismus als Strukturelement der freiheitlich-rechtstaatlichen Demokratie (zuerst 1964), a. a. O.; 256 (260); zum Staats- und Verfassungsverständnis von E. Fraenkel siehe *R. Dorn*, Verfassungssoziologie, 2010 – bemerkenswerterweise taucht der Begriff also erst wieder in jüngerer Zeit auf.

visten auch unter diesem Gesichtspunkt sehen. *H. Heller* oder auch der sich geisteswissenschaftlich verstehende *R. Smend* mit seiner Integrationslehre sind hier etwa zu erwähnen, auch das Werk *Otto Kirchheimers* ist zu erwähnen.[58]

Aber auch unabhängig von solchen Diskurszusammenhängen finden sich immer wieder Einsichten verfassungssoziologischer Art, die auch zu begrifflichen Verfestigungen geführt haben, ich erinnere an *D. Schindlers* „Ambiance“[59] oder an die „Verfassungsvoraussetzungen“ von *H. Krüger*.[60]

Aber auch die weiter zurückreichende Tradition hat immer wieder auf gesellschaftliche Voraussetzungen einer guten, einer Verfassungsordnung hingewiesen, man denke an Aristoteles' Politeia[61], an *Montesquieus* komparatistisch verfahrende Untersuchung,[62] oder auch an *Tocquevilles*

[58] Vgl. *O. Kirchheimer*, Funktionen des Staats und der Verfassung, 1972; *ders.* Politik und Verfassung, 1964; *ders.* in: K. Tribe (Hrsg.), Social Democracy and the Rule of Law, 1987, S. 85 ff.

[59] *D. Schindler*, Über den Rechtsstaat, 1934, in: Festgabe für Max Huber zum sechzigsten Geburtstag (Zürich 1934), S. 182 ff.

[60] *H. Krüger*, Verfassungsvoraussetzungen und Verfassungserwartungen, in: FS Scheuner, 1973, 285 ff.

[61] Aristoteles, Politik, z. B. Buch II, Kap. 5 (1262 b 37 ff.), wo das (wie wir heute formulieren) sogenannte Almende-Problem behandelt wird; er geht weiter etwa der Frage nach, welche Form von Demokratie zu welcher Sozialstruktur am besten passt. Man könnte auch von einer Soziologie des Eigentums sprechen; weiter etwa Buch III, Kap. 6 (1278 b 31 ff.), wo Vorkehrungen erörtert werden, um die Eigeninteressen der Regierenden um des Gemeinwohl-Willens in Zügel zu halten, es geht also, modern gesprochen, um die Rational-Choice-Perspektive, Buch VI, Kap. 1 (1316 b 37 ff.).

[62] *Ch. de Montesquieu*, De l'esprit des lois, 1748, in: ders., Oeuvres complètes, Bd. 2, herausgegeben und mit Anmerkungen versehen von R. Caillois, 1951, S. 225 ff., für eine soziologische Lektüre des

Analysen über Amerika.[63] Dieses Mitbetrachten der gesellschaftlichen Umwelt der Verfassungsordnung ist letztlich eine Selbstverständlichkeit, die lediglich immer wieder in der Gefahr steht, durch ein verengtes Verständnis von Rechtswissenschaft in den Hintergrund gedrängt zu werden. Auch eine dezidiert kritische Zuwendung zu gesellschaftlichen Folgen und Voraussetzungen der Verfassungsordnung ist in der Sache als Verfassungssoziologie zu verstehen, so ist an die Diskussion um die „Klassenjustiz" zu erinnern oder in jüngerer Zeit an die Studien im Umkreis der sogenannten Critical Legal Studies (dazu unten III, 3., c).

Verfassungssoziologie ist also nichts Neues, lediglich der Begriff hat einen gewissen Neuigkeitswert; er sollte für eine disziplinär geordnete, man könnte auch sagen methodisch disziplinierte Beschäftigung mit dem Fragenkreis von Gesellschaft und Verfassung stehen.

3. *Abgrenzungen zu anderen Grundlagenfächern*

Verfassungssoziologie als Grundlagenfach ist zu befragen auf das Verhältnis zu anderen Grundlagenfächern[64] hin. Dies ist hier nicht zu vertiefen, weil die Abgrenzung

„Geistes der Gesetze" siehe bereits *E. Ehrlich*, Montesquieu and Sociological Jurisprudence, Harvard Law Review 29 (1916), 582 ff.

[63] *A. de Tocqueville*, De la démocratie en Amerique, 1835/40, in: ders., De la démocratie en Amerique, herausgegeben und mit Anmerkungen versehen von P. Raynaud, 2010. Für eine zeitgenössische sozialwissenschaftliche Auseinandersetzung *Ch. A. Goldberg*, Social Citizenship and a Reconstructed Tocqueville, American Sociological Review 66 (2001), 289 ff.

[64] Dazu als ersten Überblick *J. Krüper*, in: ders. (Hrsg.), Grundlagen des Rechts, 2. Auflage, 2013.

der wissenschaftlichen Disziplinen nach relativ willkürlich gewählten Kriterien erfolgen kann; je nach dem verfolgten Zweck wird man auf andere Gesichtspunkte abstellen. Mit disziplinärer Kleingärtnerei ist hier nichts gewonnen. Ob man eine sozialhistorisch orientierte Untersuchung als verfassungsgeschichtlich oder verfassungssoziologisch bezeichnet, mag deswegen für unsere Zwecke dahinstehen. Um vorschnelle Ausgrenzungen zu vermeiden, scheint mir ein weiter Begriff der Verfassungssoziologie angemessen zu sein, der durchaus Unterschiedliches umfasst. Der angelsächsische Titel „Law and Society" erfasst diese Weite des Erkenntnisinteresses.

Mit dieser Ausrichtung versammelt die Verfassungssoziologie eben auch Aspekte, die der Verfassungsgeschichte zugeordnet werden können, man denke etwa an *Boldts* Konzept der Verfassungsgeschichte als politische Strukturgeschichte.[65] Gleiches gilt auch für die sich teilweise damit überschneidende *Rechts-* und *Staatsphilosophie*. Die *Ideengeschichte* wird nicht allein im Himmel der Ideen verbleiben, sondern die gesellschaftliche Basis von Theorieentwicklungen mit in den Blick nehmen. In der *allgemeinen Staatslehre*[66] spielte schon immer die Orientierung auf die Tatsachen hin eine erhebliche Rolle, wenn sie nicht rein ideengeschichtlich konzipiert war. Der so-

[65] *H. Boldt,* Deutsche Verfassungsgeschichte, Bd. 2, 1990.

[66] Als historischen Überblick der Entwicklung dieses Faches s. *M. Stolleis,* Staatslehre zwischen etatistischer Tradition und pluralistischer Öffnung, FS R. Wahl, 2011, S. 239 ff., unter der Überschrift „Staatslehre" oder ähnlichen finden sich Werke mit beachtlichem verfassungssoziologischem Gehalt, zu nennen sind etwa *C. J. Friedrich,* Der Verfassungsstaat der Neuzeit, 1953, auch die „Verfassungslehre" von *K. Loewenstein,* 1959.

ziologische Staatsbegriff[67] in der Staatslehre von *Georg Jellinek* mag hierfür stehen. Die *Rechtsvergleichung* ist nicht nur für die Rechtspolitik bedeutsam, sie mag auch interpretatorisch hilfreich sein,[68] Rechtsvergleichung ist vor allen Dingen auch ein wichtiges Element der sozialwissenschaftlichen Forschung, zumal, weil die experimentelle Variation und Kontrolle von Variablen im gesellschaftlichen Bereich regelmäßig unmöglich ist, die Variation wird also in der Komparatistik gesucht. Auch mit den in den letzten Jahren sich ausbreitenden sogenannten *kulturwissenschaftlichen* Ansätzen gibt es manche Gemeinsamkeit, so etwa die Beschäftigung mit der symbolischen Dimension der Verfassung, insbesondere auch im Hinblick auf als selbstverständlich vorausgesetzte Annahmen, die das soziale Geschehen mit steuern, ohne im Normalfall thematisiert zu werden. Im Hinblick auf politische Herrschaft könnte man also sprechen von den „vorpolitischen Sinnhorizonten des Politischen".[69]

---

[67] *G. Jellinek*, Allgemeine Staatslehre, 3. Aufl., 1922, S. 174–182., aktuell etwa *H. Schulze-Fielitz*, Konturen einer zeitgenössischen Staatssoziologie, in: A. Vosskuhle / Ch. Bumke / F. Meinel (Hrsg.), Verabschiedung und Wiederentdeckung des Staates im Spannungsfeld der Disziplinen, 2013, S. 11 ff.

[68] So *P. Häberles* Charakterisierung der Rechtsvergleichung als fünfte Auslegungsmethode, JZ 1998, Grundrechtsgeltung und Grundrechtsinterpretation im Verfassungsstaat, S. 913 (916 ff.) sowie in: *P. Häberle*, Rechtsvergleichung im Kraftfeld des Verfassungsstaates, 1992, S. 27 (36 ff.); kritisch dazu *H. Sauer*, Verfassungsvergleichung durch das Bundesverfassungsgericht, JRP 18 (2010), S. 194 (195 f.). Zur Bedeutung der Verfassungsvergleichung *H. Schulze-Fielitz*, Verfassungsvergleichung als Einbahnstraße?, in: A. Blankenagel / I. Pernice / ders. (Hrsg.), Verfassung im Diskurs der Welt, Liber amicorum für Peter Häberle, 2004, S. 355 ff.

[69] S. *A. Reckwitz*, Die Politik der Moderne aus kulturtheoretischer

III. Leistungen der Verfassungssoziologie

Die sozialwissenschaftlichen Bemühungen und Erkenntnisse, die sich als verfassungssoziologisch qualifizieren lassen, sind von großer Spannweite, weshalb sich eine Klassifizierung anbietet.

1. Wissensgattungen der Verfassungssoziologie

Das Angebot der Verfassungssoziologie an die juristische Wissenschaft vom Verfassungsrecht kann man strukturieren durch die Unterteilung in *drei Arten von Wissen*, die die Verfassungssoziologie zur Verfügung stellen kann: empirisches Wissen, Konzepte und Großtheorien.

a) Empirisches Wissen

Die Soziologie ist auch und nicht zuletzt eine empirische Wissenschaft und produziert als solche methodisch kontrolliert erhobenes Wissen. Dieses kann ungeprüfte Vermutungen und Annahmen darüber, wie die soziale Welt sei, korrigieren, widerlegen oder auch bestätigen, dann mit dem Gewinn an Sicherheit, dass es tatsächlich so sei, wie angenommen. Dieser Sicherheitsgewinn ist umso wichtiger, je weittragender die Konsequenzen sind, die an bestimmte Annahmen tatsächlicher Art geknüpft werden. Wenn Entscheidungen verfassungsrechtlicher Art besondere Bedeutung haben wegen ihrer größeren Reichweite, dann besteht hier ein gesteigerter Bedarf da-

---

Perspektive, in: B. Schwelling (Hrsg.), Politikwissenschaft als Kulturwissenschaft, S. 33 (38 f.).

nach, ungeprüfte Annahmen des Alltagswissens durch solide empirische Kenntnisse zu ersetzen (dazu noch unten V 1 b) aa)).

Die verfassungsrechtliche Pflicht, bei Rechtsentscheidungen von wahren Tatsachen auszugehen,[70] wird meist als Selbstverständlichkeit betrachtet, in besonderen Zusammenhängen wird sie aber verfassungsgerichtlich eingefordert.[71] Tatsächlich wird in den meisten Zusammenhängen auf die Notwendigkeit hingewiesen, die der Rechtsentscheidung zugrundliegenden Tatsachen müssten wahr sein. In wunderbaren Worten wurde dies bereits vor mehr als 200 Jahren formuliert: „Gerechtigkeit lässt sich in einem Richterspruche nicht ohne Wahrheit der dabei zugrundeliegenden Thatsache gedenken; und solange diese Wahrheit nicht außer Zweifel ist, hat der richterliche Ausspruch gar keinen Werth, wenn er auch sonst dem Gesetze völlig gemäß abgefasst worden."[72] Für das Verfassungsprozessrecht formuliert § 26 Abs. 1 Satz 1 BVerfGG als selbstverständlich „Das Bundesverfassungsgericht erhebt den zur Erforschung der Wahrheit erforderlichen Beweis". Tatsächlich ist die Wahrheitsfindung in rechtlichen

---

[70] Ein jüngeres Beispiel bildet die Einforderung eines rationalen Modus der Ermittlung des Bedarfs, der gemäß Hartz IV zu leisten ist. BVerfGE 125, 175 (238 ff.) für die Höhe der Regelleistungen nach §§ 20 Abs. 2 1 .HS, 28 Abs. 1 S. 3 1. Alt. SGB II.

[71] Siehe nur für das Strafverfahren BVerfGE 57, 250 (275), wo als dessen zentrales Anliegen die Ermittlung des *wahren* (Hervorhebung i.O.) Sachverhaltes gesehen wird. Damit verbunden seien im Recht auf ein „faires Verfahren" auch Mitwirkungsrechte des Angeklagten bei der Beweiserhebung; ebenso BVerfGE 63, 45 (61) zur Forderung einer sachgerechten Methodik der Tatsachenermittlung.

[72] *J. F. Reitemeier*, Die Wahrheit vor Gericht, 1802, S. 1.

Verfahren aber alles andere als trivial.[73] Auch wenn man die Frage nach dem Wahrheitsbegriff[74] ausklammert, so sind doch die Besonderheiten der Tatsachenermittlung in gerichtlichen Verfahren[75] zu sehen, die zwar Gemeinsamkeiten zur wissenschaftlichen Wahrheitssuche aufweisen, aber doch auch durch etliche Besonderheiten gekennzeichnet sind, so insbesondere den Entscheidungszwang auch bei verbleibenden Ungewissheiten, die Begrenztheit der zur Verfügung stehenden Zeit, die Existenz von Beweislastregeln, die Begrenztheit des Kanons der zulässigen Beweismittel, die Existenz von Beweiserhebungs- und Beweisverwertungsverboten und anderes mehr. Die Suche nach der wahren Tatsachengrundlage ist in juristischen

---

[73] Siehe bereits *J. F. Reitemeier*, a. a. O., S. 2: „Sehr oft kann die Wahrheit der Behauptungen und Ableugnungen nicht ohne viele Mühe gefunden, und nur mit Schwierigkeit richtig beurteilt werden, da es bald an vollständigen und ausreichenden, bald an bestimmten und zuverlässigen Kennzeichen der Wahrheit fehlt, und zuletzt nach aller Forschung als Resultat nicht selten nur eine bloße Wahrscheinlichkeit erhalten wird". Tiefgründig zur Wahrheitsfrage (aus philosophischer Sicht) *A. Upmeier*, Fakten im Recht, 2010. Die nachfolgenden Ausführungen sind dieser Arbeit verpflichtet. Siehe weit ausgreifend auch *P. Häberle*, Wahrheitsprobleme im Verfassungsstaat, 1995, der Wahrheit als „Konnex-Begriff" zu Freiheit, Gerechtigkeit und Gemeinwohl versteht (S. 94 ff.), also die Wahrheit auch in normative Zusammenhänge einstellt und insofern zu recht von einem „autonomen Wahrheitsdiskurs" der Juristen spricht, S. 96 ff.

[74] Siehe dazu nur *A. Upmeier*, a. a. O., S. 136 mit weiteren Nachweisen.

[75] *J. F. Reitemeier*, a. a. O., S. 3: „Die Wahrheit vor Gericht stimmt mit der Wahrheit im gemeinen Leben in allen wesentlichen Stücken überein. Ueberall ist die Wahrheit sich gleich. Aber die Erforschung, Prüfung und Beurtheilung derselben ist nicht immer dieselbe, und es scheint daher auch das dadurch gefundene Resultat nicht allemal gleich zu sein".

Zusammenhängen kein Selbstzweck, vielmehr geht es in lebenspraktischen Zusammenhängen um hinreichend begründete Wirklichkeitsannahmen, um daran gerechtfertigtermaßen Rechtsfolgen zu knüpfen.[76] Das Konzept der prozessualen Wahrheit[77] bringt dies zum Ausdruck, wonach eben die im Verfahren festgestellten Tatsachen (mit normativem Anspruch) als wahr gelten. Dem liegt ein „dynamischer Kompromiss" zwischen wissenschaftlicher und juristischer Tatsachenfeststellung zugrunde,[78] der den besonderen Restriktionen wie Aufgaben der richterlichen Tatsachenfeststellung gerecht zu werden versucht; dazu dient auch die freie Beweiswürdigung[79] und die Maßgeblichkeit der persönlichen Überzeugung des Richters,[80] die freilich objektivierend eingeschränkt wird durch Figuren wie die allgemeinen Denkgesetze und unübergehbare wissenschaftliche Erkenntnisse.

In verfassungsrechtlichem Zusammenhang wird die Frage der zutreffenden Tatsachenerhebung in verschiedenen Problembereichen virulent, prominent war zuletzt dieses Problem bei den Entscheidungen des Bundesverfassungsgerichts zu wahlrechtlichen Sperrklauseln im Wahl-

---

[76] *A. Upmeier*, a. a. O., S. 112.

[77] Für den Strafprozess siehe *F. Stamp*, Die Wahrheit im Strafverfahren, 1998.

[78] Dazu *A. Upmeier*, a. a. O., S. 160 ff.; das Abgehen vom Strengbeweis eröffnete jedenfalls größere Möglichkeiten, der materiellen Wahrheit nahe zu kommen, ist offen für eine größere Komplexität in der Wirklichkeitsverarbeitung.

[79] Dazu die historische Nachzeichnung der Entwicklung durch *M. Nobili*, Die freie richterliche Überzeugungsbildung, 2001.

[80] Dazu etwa *A. Engländer*, Der Begriff der freien Überzeugung im § 261 StPO im Lichte der Erkenntnistheorie, in: Juristische Grundlagenforschung, ARSP-Beiheft 104 (2005), 85 ff.

recht zum Europäischen Parlament.[81] Im Hinblick auf die Abhängigkeit verfassungsrechtlicher Beurteilungen von den zugrunde gelegten Umständen kommt gerade auch der Tatsachenfeststellung durch das Verfassungsgericht[82] erhebliche Bedeutung zu. Die Abhängigkeit verfassungsrechtlicher Beurteilungen von den zugrunde gelegten Tatsachenannahmen hat in Gestalt einer Beobachtungspflicht des Gesetzgebers über die tatsächlichen Verhältnisse eine besondere Gestalt gewonnen.[83]

b) Konzepte

Die Soziologie ist auch eine theoretische Wissenschaft, die konzeptionelle Netze auswirft, um darin die Realität einzufangen. Der Fang hängt dabei von der Struktur des Netzes ab, insofern sollte man sich der Theorieabhängigkeit der Erkenntnisse bewusst bleiben und konzeptionelle

[81] BVerfGE 129, 300 (317 ff.), dazu unter dem hier in Rede stehenden Aspekt *M. Morlok*, Chancengleichheit ernstgenommen – Die Entscheidung des Bundesverfassungsgerichts zur Fünf-Prozent-Klausel bei der Europawahl, JZ 2012, 76 (78); BVerfGE – Urteil vom 26.02.2014, NVwZ 2014, 439 ff., insbesondere Rn. 55, hierzu *W. Kahl / J. Bewes*, Die Verfassungswidrigkeit der Drei-Prozent-Sperrklausel bei Europawahlen, DVBl. 2014, 937 (hier besonders 741 ff.).

[82] Dazu *B.-O. Bryde*, Tatsachenfeststellungen und soziale Wirklichkeit in der Rechtsprechung des Bundesverfassungsgerichts, in: P. Badura / H. Dreier (Hrsg.), Festschrift 50 Jahre Bundesverfassungsgericht, 2001, Band I, S. 533 ff.

[83] Dazu etwa BVerfGE 49, 89 (130 ff.); 59, 119 (127 f.), 65, 1 (55); s. insbesondere *S. Huster*, Die Beobachtungspflicht des Gesetzgebers. Ein neues Instrument zur verfassungsrechtlichen Bewältigung des sozialen Wandels? ZfRS 24 (2003), 3 ff.; *M. Albers*, Evaluation sicherheitsbehördlicher Kompetenzen: Schritte von der symbolischen Politik zum lernenden Recht, VerwArch 9 (2008), 481 ff.

Angebote nicht reifizieren. Konzepte können jedenfalls Wahrnehmungshilfen bilden, können sensibel machen für bestimmte Probleme, die ohne ihre Unterstützung leicht übersehen werden. Die Soziologie hat nun eine Reihe von Konzepten entwickelt, welche gesellschaftliche Umstände besser erkennbar und begreifbar machen. Von diesen kann auch die Jurisprudenz profitieren. Das mögen banal erscheinende Konzepte wie die Rollentheorie sein oder die Erkenntnis, dass es in verschiedenen Bereichen der Einführungs- und Trainingsphasen bedarf, also der Sozialisation für bestimmte Handlungsfelder, eine Erkenntnis, die der Angemessenheit der rechtlichen Regelung in diesem Bereich dienlich sein kann.[84] Organisationen haben eigene Bedürfnisse und eigene Funktionsbedingungen. Von der Organisationssoziologie kann hier das Recht etliches lernen, so etwa das zivile Unternehmensrecht,[85] im Verfassungsrecht kann man manches gewinnen aus der organisationssoziologisch gestützten Betrachtung der Parteien.[86]

Ein anderes Beispiel ist das Konzept der „Mobilisierung von Recht".[87] Recht verwirklicht sich nicht von allein. Es bedarf der Akteure, die bestimmte Handlungen oder auch Probleme erst als rechtlich relevant thematisieren[88] und in

[84] Erinnert sei etwa an den Leserbrieffall eines Lehrlings bei Daimler-Benz, BVerfGE 86, 122 ff.

[85] *Th. Raiser*, Das Unternehmen als Organisation, 1969.

[86] Dazu *M. Morlok*, Parteienrecht ist Organisationsrecht, in: FS Bryde, 2013, S. 231 ff.

[87] Dazu *D. Black*, The Mobilization of Law, Journal of Legal Studies 2 (1973), 125 ff.; *E. Blankenburg*, Mobilisierung des Rechts, 1995; siehe zuletzt *S. Baer*, Rechtssoziologie, 2011, S. 209 ff.

[88] Dazu *N. Luhmann*, Kommunikation über Recht in Interaktionssystemen, JRRth 6 (1980), 99 ff.

einem zweiten Schritt die eigene Position als „berechtigt" ansehen, als mit subjektiven Rechten ausgestattet. Weiter bedarf es des Selbstvertrauens, sich auch auf diese Rechte zu berufen und gegebenenfalls sich in einen Konflikt zu begeben, es braucht Wissen und Ressourcen verschiedener Art, um die gegebenen Rechtsschutzmöglichkeiten zu ergreifen. Soziale Zugangsbarrieren[89] kommen hier in den Blick. Von der darauf gerichteten Forschung können die Bemühungen um die Verbesserung jedenfalls der tatsächlichen Rechtsschutzmöglichkeiten möglichst aller Teile der Bevölkerung profitieren. Auch die rechtliche Ausgestaltung des Rechtsschutzes per se kann die Mobilisierung von Recht befördern. Die große Resonanz, welche das Grundgesetz und das Bundesverfassungsgericht in Deutschland haben, ist durchaus im Zusammenhang mit der Einrichtung der Verfassungsbeschwerde zu sehen, die einerseits die Probleme der einzelnen Bürger aufnehmen kann und andererseits institutionell relativ vorrausetzungsarm ist. Dies ist auch durch Zahlen zu belegen, so hat es von 1951 bis 2013 3.735 (davon bereits 3.662 erledigt) Normenkontrollverfahren und 200.482 (davon bereits 197.003 erledigt) Verfassungsbeschwerden gegeben.[90]

[89] Siehe hierzu etwa *M. Cappelleti*, et al. Access to Justice, 5 Bände, 1978 bis 1980; *G. Baumgärtel*, Gleicher Zugang zum Recht für alle, 1976; *G. Bierbrauer*, et al., Zugang zum Recht, 1978; siehe auch die Darstellung bei *Th. Raiser*, Grundlagen der Rechtssoziologie, 4. neu gefasste Auflage von „Das lebende Recht", 2007, S. 302 ff.

[90] Die Statistik differenziert nicht zwischen abstrakten und konkreten Normenkontrollverfahren.

c) Großtheorien

Schließlich produziert die Soziologie auch sogenannte Großtheorien, also Deutungen, die erhebliche gegenständliche und zeitliche Reichweite haben, man denke etwa an das *Max Weber'sche* Theorem der zunehmenden Rationalisierung der Welt, an das systemtheoretische Paradigma der Umstellung der Gesellschaft von hierarchischer auf funktionale Differenzierung[91] oder an die Habermas'sche Unterscheidung von instrumenteller und kommunikativer Rationalität.[92] Von daher lassen sich verschiedene Verbindungen zu rechtswissenschaftlichen Fragestellungen, durchaus auf unterschiedlichem Abstraktionsniveau schlagen. So mag die Diskussion um eine kommunitaristische Verfassungstheorie sich von solchen Großtheorien anregen und bereichern lassen.

Nicht vergessen werden sollte, dass die Soziologie gerade in ihren Gründungsvätern wie in herausragenden Denkern sich immer für die normative, das heißt auch die rechtliche Verfassung der Gesellschaft interessiert hat und interessiert.[93] Wenn der Gegenstand der Soziologie unausweichlich die normative Verfassung der Gesellschaft ist, dann liegt eine Beziehung zur Verfassungssoziologie nahe, die Äquivokation des Begriffs „Verfassung" ist dabei durchaus bewusst gewählt.

---

[91] Zum Niederschlag dieser Veränderung in den Semantiken verschiedener Bereiche *N. Luhmann*, Gesellschaftsstruktur und Semantik, Band I 1980, Band II, 1981, Band III, 1989, Band IV, 1995.

[92] *J. Habermas*, Theorie des kommunikativen Handelns, 2 Bände, 1981, hier insbesondere Band I, S. 269 ff.

[93] Siehe dazu *W. Gephart*, Gesellschaftstheorie und Recht, 1993.

d) Wirklichkeitsorientierung

Die Verfassungsrechtswissenschaft tut gut daran, sich um soziologisches Wissen verschiedener Art zu bemühen, wenn sie *wirklichkeitsorientiert* arbeiten will. Rechtswissenschaft hat um der Angemessenheit ihres regelnden Zugriffs willen sich um die tatsächlichen Umstände des Regelungsfeldes zu bemühen, dies, um die der Regelung Unterworfenen nicht unangemessenen, übermäßigen oder gar unzumutbaren Einschränkungen zu unterwerfen, aber auch, um wirksame Regelungen ins Werk zu setzen. Die Strukturen des Gegenstandsfeldes zu kennen, ist unabdingbare Voraussetzung für wirksame rechtliche Regulierung.

Diese Wirklichkeitsorientierung (dazu noch unten V 1 b) dd)), die in der Verfassungstheorie etwa *Hermann Heller*[94] postuliert hat, dürfte als solchen ja kaum strittig sein, dann jedenfalls nicht, wenn klar ist, dass Wirklichkeitsorientierung nicht bedeutet, den normativen Anspruch des Rechts aufzugeben und unversehens den tatsächlichen Umständen sich anzupassen. Es geht um wirklichkeitsorientiertes Bemühen zugunsten der normativen Kraft der Verfassung.[95]

Wirklichkeitsorientierung setzt aber immer theoretische Aufbereitung der Wirklichkeit voraus: Ohne „Theorie", auch im Sinne von Alltagstheorien, gibt es keine Erkenntnis.[96] Unser Wissen über die Wirklichkeit ist immer

---

[94] *H. Heller*, Staatslehre, (zuerst 1934), hier zit.: 4. (unv.) Auflage 1970, S. 25 ff.

[95] K. *Hesse*, Die normative Kraft der Verfassung, 1959, S. 8 f.

[96] Diese oft gefundene Einsicht formulierte *Goethe* wie folgt: „Das Höchste wäre, zu begreifen, dass alles Faktische schon Theorie ist.", aus: Wilhelm Meisters Wanderjahre, 2. Buch, 11. Kapitel, Betrachtun-

schon theoriegeleitet – vorzugsweise reflektierte, wissenschaftlich kontrollierte Theorie. Dies gilt auch für den großen Bereich der häufig unbefragt bleibenden Selbstverständlichkeiten, die wir unserer gesellschaftlichen Praxis unterstellen. Hier haben nicht zuletzt auch Bemühungen ihr Recht, die unter dem Titel „Kulturwissenschaft" diese meist fraglos unterstellten Annahmen in den Blick nehmen, auf ihr Gewordensein und damit auch auf die Möglichkeit, anders zu sein, hinweisen.

2. *Erfolgsbedingungen einer Verfassung*

Um dem normativen Impetus einer Verfassung entsprechen zu können, liegt es nahe, den Erfolgsbedingungen einer Verfassung nachzugehen. Die in jüngerer Zeit populärer gewordene Formulierung von „Verfassungsvoraussetzungen" zielt ja auch darauf.

Eine Soziologie der Verfassung, die sich um die Erfolgsbedingungen kümmert, sollte sich zunächst der *Kriterien* versichern, mit deren Hilfe der Erfolg einer Verfassung gemessen wird. Zu diesen Kriterien dürften die folgenden zählen: die Dauerhaftigkeit einer Verfassung, ihre gesellschaftliche Akzeptanz und das Maß, in dem sie den inneren Frieden sichern kann. Weiter wird man darauf abheben, ob die Verfassung ein „gutes" Regieren ermöglicht. Auch ihre Inklusivität spielt eine Rolle, ob es ihr also gelingt, in das politische System alle Gruppierungen und deren Anliegen einzubeziehen. Schließlich spielt auch –

gen im Sinne der Wanderer, Hamburger Ausgabe, Sonderausgabe 1998, Band 8, S. 304.

in einer sich verändernden Welt – ihre Anpassungsfähigkeit[97] eine Rolle.

Welche gesellschaftlichen Faktoren im Zusammenspiel mit welchen normativen Regelungen einen so beschriebenen Erfolg wahrscheinlicher machen, kann hier nicht im Einzelnen nachgezeichnet werden, es bedarf hierfür aufwendiger historischer und komparativer Arbeit.

Zu den Voraussetzungen einer Verfassung unseres Typs gehört, darüber besteht weitgehend Einigkeit, die Unabhängigkeit der Verfassung und des auf sie gegründeten staatlichen Rechts von religiösen Vorstellungen und Normen. Die Verfassung selbst muss säkular sein und die Verteidigung der Säkularität des Rechts und des staatlichen Handelns gegenüber religiösen Auffassungen, gar Zumutungen betreiben (können). Zuletzt hat in dieser Grundlagensektion *Horst Dreier* dies vor einem Jahr dargestellt.[98]

Diese Unabhängigkeit der Verfassung von der Religion hat nun zwei Seiten, die beide wichtig sind, die beide aber von unterschiedlichen Faktoren abhängen:

– Zunächst müssen das staatliche Recht und das sie tragende Institutionensystem eine hinreichende Selbständigkeit gegenüber den organisierten Religionen gewinnen und dies auch normativ verankern. „Es besteht keine Staatskirche", wie Art. 137 Abs. 1 WRV formuliert, ist prägnanter Ausdruck dieses historischen Entwick-

[97] S. dazu für den Sonderfall auferlegter Verfassungen insbesondere am Beispiel von Japan *B. S. Law*, The Myth of Imposed Constitution, in: D. J. Galligan / M. Versteeg (eds.), Social and Political Foundations of Constitutions, 2013, S. 239 (zu den anpassungsfördernden Faktoren 246 ff.).

[98] *H. Dreier*, Säkularisierung und Sakralität, 2013.

lungsschrittes.[99] Was es dazu braucht, ist also die Herausbildung einer religionsunabhängigen Staatlichkeit, mit all dem was dazu gehört. Unter anderem umfasst dies die Glaubensfreiheit und die Gleichheit aller Religionen vor dem Recht. Nur dann kann der Staat Heimstatt aller Staatsbürger[100] sein und Unabhängigkeit gegenüber allen Religionen gewinnen.

– Dieser Entwicklungsprozess muss aber auch begleitet werden von Entwicklungen auf der Seite der Religion. Eine staatlich proklamierte Säkularität, die von der Religion oder den Religionen und ihren Anhängern nicht akzeptiert wird, verursacht gegebenenfalls heftigste Konflikte, derzeit darf für diese Problematik auf Ägypten hingewiesen werden. Die Säkularität des Staates verlangt also auch die Freigabe einer säkularen Sphäre durch die Religion, letztlich die theologische Anerkennung eines säkularen Bereiches. Unter welchen Voraussetzungen es dazu kommen kann, ist wiederum – religionssoziologisch – aufzuklären. Das christliche Abendland hatte ja bekanntlich damit lange Zeit seine Schwierigkeit, die katholische Kirche hat erst im Zweiten Vatikanischen Konzil die Glaubensfreiheit umfassend anerkannt, vorher wurde sie nur für den Fall postuliert, dass die Katholische Kirche in einer Minderheitsposition war.

Es braucht also gesellschaftlich verankerte Entwicklungen, die komplementär zueinander verlaufen, um diese Un-

[99] In dieser Norm hat die Verfassung bemerkenswerterweise selbst eine Gewährleistung einer ihrer Erfolgsvoraussetzungen vorgenommen. Dies ist, wie im Text skizziert, aber nicht allein durch normative Setzung zu erreichen, sondern hängt von gesellschaftlich vorhandenen Indifferenzhaltungen ab.

[100] BVerfGE 19, 206 (216).

abhängigkeit der Verfassung des Rechts von der Religion zu erreichen.

Angesichts der vielen Faktoren, die für das Gelingen einer verfassungsrechtlichen Ordnung verantwortlich sind, die auch häufig in Wechselwirkung miteinander wie mit konkreten verfassungsrechtlichen Bestimmungen stehen, sind detaillierte und präzise Aussagen über die Erfolgsbedingungen einer Verfassung nur schwer möglich. Daraus ergibt sich ein Gebot der Bescheidenheit des Verfassungssoziologen – und erst recht des Verfassungsrechtlers: Der Erfolg einer Verfassung in einer Demokratie hängt nur sehr begrenzt vom Verfassungstext und dessen Ausgestaltung ab, die Isolierung des relativen Einflusses der verschiedenen Wirkfaktoren ist schwierig bis unmöglich. Daraus ergibt sich auch die Bedeutung von Einzelfallstudien.[101] Bei der Untersuchung solch hoch komplexer Zusammenhänge ist eine Unterwerfung unter das methodologische Dogma, allgemeine Gesetze zu entwickeln, oft wenig fruchtbar. Stattdessen empfiehlt es sich, induktiv vorzugehen und dann erst vorsichtig zu verallgemeinern.[102]

3. Beispiele (möglicher) Einzelthemen

Aus dem großen Spektrum von verfassungssoziologischen Angeboten für die Verfassungsrechtswissenschaft

---

[101] Zu solchen Einzelfallstudien D. J. Galligan / M. Versteeg (eds.), Social and Political Foundations of Constitutions, 2013, S. 207 ff. mit Studien über 15 Staaten.

[102] Das praktizieren D. J. Galligan / M. Versteeg (eds.), Social Political Foundations of Constitutions, 2013, mit ihrer Kombination theoretischer Perspektiven und Fallstudien.

darf ich im Folgenden einige anführen, und zwar in der unausweichlich gebotenen Knappheit. Es sind lediglich Hinweise, zu welchen Themen man auf verfassungssoziologischen Ertrag hoffen kann, keine ausgearbeiteten Stellungnahmen zu den jeweiligen Problemen.

a) Der informale Verfassungsstaat

Das Recht ist unaufgebbarerweise jedenfalls auch auf *Formalia* hin orientiert. Ohne Formalität kein Recht. Dies produziert aber auch eine informale Begleitordnung zur formalen Ordnung. Man hat dies auf den Begriff des informalen Rechtsstaates[103] oder für unseren Gegenstand, des informalen Verfassungsstaates,[104] gebracht. Die Organisationssoziologie hat hier hilfreiche Vorarbeit geleistet. Organisationen haben ihre Charakteristik typischerweise in formalen Regeln.[105] Die Organisationssoziologie hat nun aber auch herausgefunden, dass sich um die formalen Regeln, um die offiziellen Kommunikationswege herum stabile Praktiken der Informalität aufbauen, die Kontakte erleichtern, die formelle Entscheidungen vorbereiten, die Konflikte antizipierend durch Kompromisse oder jedenfalls einfach auch durch Regelungen zu vermeiden helfen. Insofern ist eine organisatorische Praxis, die formalen Regeln folgt, im Laufe der Zeit von einem Netzwerk informaler Regeln umgeben, welche diese recht eigentlich erst arbeitsfähig hält. Dies ist auch für unsere Disziplin

[103] *E. Bohne*, Der informale Rechtsstaat, 1981.
[104] *H. Schultze-Fielitz*, Der informale Verfassungsstaat, 1984.
[105] Siehe insbesondere *N. Luhmann*, Funktionen und Folgen formaler Organisation, 1964.

wiederholt beschrieben worden,[106] im Parlamentsrecht gibt es hierzu zahlreiche Beispiele, ich erwähne nur die sogenannten Pairing-Abkommen,[107]wonach keine Fraktion die krankheitsbedingte Abwesenheit von Abgeordneten auf der anderen Seite nützt, um in heiklen Fällen die bestehenden Mehrheitsverhältnisse in einer Abstimmung verkehren zu können. Auch die Abstimmungen der Parlamentarischen Geschäftsführer und die Arbeit in den Ausschüssen folgen weitgehend einer gut eingespielten informalen Praxis.[108] An dieser informalen Dimension kann man sehen, wie ein soziologisches Konzept die Augen für bestimmte Phänomene öffnet.

b) Symbolische Bedeutung einer Verfassung

In sozialwissenschaftlichen Diskussionszusammenhängen wird der Verfassung immer wieder eine symbolische Bedeutung zugeschrieben. Das ist ein insofern schwieriges Thema, als der Symbolbegriff durchaus schillernd ist, und es auch durchaus unterschiedliche Symbolbegriffe gibt. Für die Zwecke hier mag es genügen festzuhalten, dass

---

[106] Siehe die zahlreichen Beispiele bei *H. Schultze-Fielitz*, Der informale Verfassungsstaat, 1984, siehe weiter zur analytischen Aufschlüsselung solcher informaler Praktiken *M. Morlok*, Informalisierung und Entparlamentarisierung politischer Entscheidungen als Gefährdung der Verfassung, VVDStRL 62 (2003), 37 ff (45 ff.), siehe auch D. J. Galligan / M. Versteeg (eds.), Social and Political Foundations of Constitutions, 2013, S. 3 (6 f.) und *D. S. Law*, The Myth of Imposed Constitution, ebda. S. 239 (246 ff.).

[107] Dazu, auch historisch, *H. Butzer / S. Henkenötter*, Pairing im Deutschen Bundestag, ZG 1995, S. 328 ff.; *M. Schuldei*, Die Pairing-Vereinbarung, 1996.

[108] Dazu *H. Schöne*, Alltag im Parlament, 2010, S. 157 f.

Symbole unscharfe Bedeutungskomplexe sind, die insbesondere auch Bedeutungsgehalte haben, die über eine exakt fixierbare Bedeutung hinausgehen, also überschließende Bedeutung haben. Typischerweise haben Symbole auch emotionale Bedeutung, sie stehen für etwas, mit dem man Gefühle (positiver oder negativer Art) verbindet. In dieser Unschärfe und zugleich Hervorgehobenheit dienen sie als Projektionsflächen für unterschiedliche Vorstellungen. Damit taugen sie als Mittel zur Integration von sozialen Kollektiven: als Identifikationsobjekt, das die Einheit des Kollektivs zum Ausdruck bringt. Eine Verfassung kann man nun als ein solches Identifikationsobjekt einer Gesellschaft verstehen.[109]

Die rechtstechnisch zentrale Rolle einer Verfassung, insbesondere ihre rechtsquellentheoretische Überordnung („Vorrang der Verfassung") verlangt in tatsächlicher Hinsicht die Abstützung in den Erwartungen und Gefühlen der Bürger. Sie kann diese Rolle der einheitsstiftenden obersten Norm dann ausfüllen, wenn sie wesentliche Werte der Bürger darstellt oder anders formuliert, wenn sie für solche wesentlichen Werte steht.[110] Dann ist die Verfassung in der Lage, kollektive Identität zu stiften. Für eine moderne Gesellschaft bedeutet dies, dass die Verfassung wichtige normative Elemente des Selbstbildes der Gesellschaft zum Ausdruck bringt; dazu zählen die

---

[109] Siehe hierzu insbesondere *A. Brodocz*, Die symbolische Funktion der Verfassung, 2003; *A. Blankenagel*, Tradition und Verfassung, 1987, S. 397 ff.; *D. Grimm*, Integration durch Verfassung, Forum Constitutionis Europae-Papiere 6/04, Vortrag an der Humboldt-Universität zu Berlin am 12.07.2004.

[110] Zu diesem Aspekt von Verfassungen *J. King*, Constitutions as Mission Statements, in: D. J. Galligan / M. Versteeg (Hrsg.), Social and Political Foundations of Constitutions, 2013, S. 73 ff.

geschützte Freiheitlichkeit der Individuen, eine demokratische Gestaltung der Politik und eine sozialstaatliche Verantwortung für alle Mitglieder dieser Gesellschaft. Wenn eine Verfassung für diese Wertvorstellungen stehen kann, vermag sie eben als Symbol der kollektiven Identität dienen. Bei genauer Betrachtung stellt sie eine Projektionsfläche durchaus unterschiedlicher Vorstellungen dar, genau darin liegt ihre Besonderheit: Die Verfassung hat die paradoxe Eigenschaft, dass man sich einig sein kann, sie als wesentliche normative Grundlage anzuerkennen, zugleich es aber ganz unterschiedliche Vorstellungen darüber gibt, welches die genauen Inhalte der Verfassung sind.[111] Integration durch Verfassung wird also gerade dadurch ermöglicht, dass sie unterschiedlichen Interpretationen zugänglich ist. Dies gilt für die zeitliche Dimension, hier öffnet sie sich für Verfassungsentwicklung und Verfassungswandel, wie eben auch für die Möglichkeit ihrer Inanspruchnahme durch Ihre Deutungsoffenheit. Sie stellt die Grenze des Diskurses dar, mit dem eine Ordnung ihre politische Identität stiftet.[112]

c) Dezidiert kritische Sicht: „Klassenjustiz", Critical Legal Studies

Eine soziologische Betrachtung kann auch zu einer dezidiert kritischen Sicht des Rechts und auch der Verfas-

---

[111] So *H. Vorländer*, Konsenz und Verfassung, 1981, S. 23; zur Deutungsoffenheit der Verfassung vgl. *A. Brodocz*, Die symbolische Dimension der Verfassung, S. 238 ff.

[112] So *Brodocz*, a. a. O., S. 274; zur integrierenden Wirkung der Verfassung siehe auch die Beiträge bei H. Vorländer (Hrsg.), Integration durch Verfassung, 2002; kritisch dem gegenüber *U. Haltern*, Integration als Mythos, JÖR NF 43 (1997), 31 (50).

sung und der jeweiligen Praxis führen. Die gesellschaftlichen Auswirkungen einer institutionalisierten rechtlichen Praxis können daraufhin untersucht werden, ob sie bestimmte gesellschaftliche Gruppen bevorzugen oder benachteiligen. Der Topos der „Klassenjustiz“[113] stehe für solche Unternehmen. In diesem kritischen Diskussionszusammenhang gibt es verschiedene Akzentsetzungen, so die Herrschaftsperspektive, die ökonomische oder die Gender-Perspektive.

d) Anmerkung zum Kopftuch

Die Problematik eines Kopftuchs von Frauen im Öffentlichen Dienst, zumal von Lehrerinnen, kann auch durch eine soziologische Herangehensweise um weitere Aspekte bereichert werden. Die bislang dominierende Fragestellung galt der Religionsfreiheit einerseits, der staatlichen Verpflichtung auf die religiös-weltanschauliche Neutralität andererseits. Dies sind freilich nicht die einzigen Einordnungsmöglichkeiten eines Kopftuches. So kann eine Frau auch ein Kopftuch tragen, um selbstbewusst ihre Herkunft aus einem bestimmten Kulturkreis zur Schau

[113] *K. Liebknecht*, Gegen die preußische Klassenjustiz, 1910, in: Gesammelte Schriften, Bd. 3, 1960, S. 3 ff.; *E. Fraenkel*, Soziologie der Klassenjustiz, 1927, Neudruck 1968; für die Gegenwart ist an die „Critical legal studies“ zu erinnern, dazu R. M. Unger, The Critical Legal Studies Movement, 1986; siehe weiter etwa die Beiträge in Stanford Law Review 36 (1984), einem Sonderheft „Critical Legal Studies Symposion“; Kritische Justiz (Hrsg.), Kritiken des Rechts, Sonderheft 41, 2008; *G. Frankenberg*, Partisanen der Rechtskritik, in: S. Buckel / R. Christensen / A. Fischer-Lescano (Hrsg.), Neue Theorien des Rechts, 2006, S. 97 ff.; als Überblick über Rechtssoziologie als kritisches Unternehmen *S. Baer*, Rechtssoziologie, 2011, S. 43 ff., S. 142 ff.

zu tragen, durchaus ohne religiöse Motivation. Weiter ist zu bedenken, dass Bekleidungsvorschriften Instrumente der Selbstidentifikation darstellen, zugleich damit aber auch der Ausgrenzung anderer dienen. Auch dies sind mögliche Folgen einer rechtlichen Regulierung des Kopftuchtragens, die bedacht sein wollen.[114]

e) *Verfassungsrechtswissenschaftssoziologie*

In Deutschland wird das Verfassungsrecht von einer stark ausgebauten einschlägigen Wissenschaft bearbeitet, die in lebhaftem Austausch mit der gerichtlichen Praxis des Verfassungsrechtes steht. Dieses Muster ist nicht ubiquitär, die Rechtspraxis kann auch, so in den angelsächsischen Ländern, sehr viel stärker gegenüber der Rechtswissenschaft separiert sein.[115] Solche Umstände sind für das Verständnis von Art und Wirkung der Verfassung durchaus beachtlich.

Auch unsere eigene Disziplin, die Verfassungsrechtswissenschaft, sollte sich deswegen den Erkenntniszuwachs durch die wissenschaftssoziologische Reflexion nicht vorenthalten, der Kollege *Schulze-Fielitz* hat gerade hierzu wichtige Perspektiven aufgezeigt.[116]

---

[114] Für eine sozialwissenschaftlich interessierte und auch komparative Skizze zu Kopftuchkonflikten s. *S. Baer*, Rechtssoziologie, 2011, S. 52 ff.; s. weiter zu solchen Aspekten *C. Lazzarini*, Selbst- und Fremdbild im Prä-rechtlichen Verständnis, 2009; S. Berghahn/P. Rostock (Hrsg.), Der Stoff aus dem Konflikte sind, 2009.

[115] *E. Klausa*, Deutsche und amerikanische Rechtslehrer, 1981.

[116] Siehe dazu den mehrperspektivischen Zugriff auf die Wissenschaft vom öffentlichen Recht durch *H. Schulze-Fielitz*, Staatsrechtslehre als Mikrokosmos, 2013; s. a. *E. Klausa*, Programm einer Wis-

f) Die juristische Methodenlehre

Die Diskussion um die juristische Methodenlehre und die Verfassungsinterpretation tritt seit längerem auf der Stelle, jedenfalls insofern es um die praxiswirksame innerjuristische Diskussion geht. Dass wissenschaftliche Erkundungen das herkömmliche Methodenverständnis der juristischen Vorgehensweise in Frage gestellt haben,[117] sei nicht bestritten. Aber die tatsächliche Praxis und auch die vorherrschende wissenschaftliche Diskussion haben sich von Einsichten der Nachbarwissenschaften weitgehend abgeschottet; das gilt etwa für die Annahmen über die Sprache, welche die innerjuristische Interpretationsarbeit leiten und sprachwissenschaftliche Erkenntnisse wenig berücksichtigen.[118]

Eine gewisse methodische Naivität gilt auch und gerade für das Verfassungsrecht – die hier anwesenden Kolleginnen und Kollegen sind natürlich allesamt ausgenommen. Herrschende Auslegungsvarianten und auch deren Veränderung können in den Blick genommen werden, ich weise nur auf Art. 87 a Abs. 2 GG hin, wonach die Bundeswehr außer zur Verteidigung nur eingesetzt werden darf, „soweit dieses Grundgesetz es ausdrücklich zulässt" – die Ausdrücklichkeit wird jetzt doch sehr viel anders als früher verstanden. Eine soziologische Herangehensweise

---

senschaftssoziologie der Jurisprudenz, KZfSS, Sonderheft 18 (1975), 100 ff.

[117] S. beispielsweise *H. Kudlich/R. Christensen*, Die Methodik des BGH in Strafsachen, 2009.

[118] S. dazu nur mit weiteren Nachweisen *M. Morlok*, Neue Erkenntnisse und Entwicklungen aus sprach- und rechtswissenschaftlicher Sicht, in: B. Ehrenzeller et al. (Hrsg.), Präjudiz und Sprache, 2008, S. 27 ff.

kann nun zeigen, dass die juristische Methodenlehre mit Unterstellungen und Idealisierungen arbeitet, die kritischer Nachfrage oft nicht standhalten. Eine soziologische Betrachtung der juristischen Arbeit kann hier Illusionen auflösen. Dies führt nicht notwendigerweise zu einer Verurteilung der geübten Praxis und ihrer Deutung, sie kann aber Selbstmissverständnisse über die juristische Arbeit auflösen, insbesondere über das Maß an Objektivität bei der Rechtsfindung.

Soziologisch ist auf das Konstruktive,[119] gerade auch auf das Sozialkonstruktive der Bedeutungszuordnung durch die Fachgemeinschaft hinzuweisen. Soziale Momente, Ausbildung, Kollegengespräche und vieles andere mehr haben einen deutlich höheren Anteil bei der Bestimmung dessen, was als Recht genommen wird, als sich der Jurist dies gemeinhin vorstellt.[120] Diese Eigenleistung des juridischen Betriebes latent zu lassen, mag notwendig sein für eine Profession, die wesentlich mit der Herstellung von Entscheidungen, oft unter Unsicherheit, beschäftigt ist. Ein zu großes Maß an Reflexion beeinträchtigt die Entscheidungsfähigkeit. Im Insgesamt der Rechtswissenschaft braucht es aber einen Ort, um das tatsächliche, wie gesagt von sozialen Mechanismen wesentlich gesteuerte, Geschehen zu analysieren – und nicht zuletzt auch an normativen Maßstäben gemessen – verantworten zu können.

---

[119] Dazu bereits *J. Hruschka*, Die Konstitution des Rechtsfalles, 1965.

[120] Siehe zum Ganzen nur *K. I. Lee*, Struktur der juristischen Entscheidung aus konstruktivistischer Sicht, 2008; siehe weiter etwa *M. Morlok / R. Kölbl / A. Launhardt*, Recht als soziale Praxis: Eine soziologische Perspektive in der Methodenlehre, Rechtstheorie 31 (2000), 15 ff.

Dem prekären Charakter juristischer Entscheidungsarbeit mit ihren Ungewissheiten entspricht eine deutliche Trennung von Herstellung und Darstellung der Entscheidung.[121] Während die Ungewissheiten mit Tasten und

---

[121] Zu dieser Unterscheidung *R. A. Wasserstrom*, The Judicial Decision, 1961, S. 25 ff.; Der Aspekt der Darstellung gerichtlicher Entscheidungen ist in rhetorischer Perspektive insbesondere von *K. Sobotta* dargestellt und auch gerechtfertigt worden, *K. Sobotta*, Sachlichkeit, 1990, etwa S. 13 ff.; s. weiter *A. Launhardt*, Topik und Rhetorische Rechtstheorie, 2005, S. 162 ff.; *dies.*, Herstellung und Darstellung richterlicher Entscheidungen in Rechtstheorie und juristischer Ausbildungspraxis, in: Arbeitspapier Nr. 8 zum DFG-Abschlussbericht „Recht als soziale Praxis", Düsseldorf 2004; s. auch *S. Baer*, Rechtssoziologie, 2011, S. 236 ff.; *H.-H. Trute*, Methodik der Herstellung und Darstellung verwaltungsrechtlicher Entscheidungen, in: E. Schmidt-Aßmann/Hoffmann-Riem (Hrsg.), Methoden der Verwaltungsrechtswissenschaft, 2004, S. 293 ff. zu dcn Funktionen der Auseinanderziehung von Herstellung und Darstellung einer Entscheidung; *N. Luhmann*, Recht und Automation in der öffentlichen Verwaltung, 1966, S. 51 ff.; diese Möglichkeit, die Herstellung einer Entscheidung vor Beobachtung abzuschirmen, ist wesentlich für die Möglichkeit, aus immer nur begrenzt instruktiven Rechtstexten eine unvorhergesehene und unvorhersehbare Vielfalt von Fällen entscheiden zu können. Von daher erschließt sich auch die Bedeutung des richterlichen Beratungsgeheimnisses nach § 193 GVG. Als anschauliche Beispiele für die Unterschiedlichkeit des Vorgehens bei Herstellung und Darstellung s. *R. Lautmann*, Justiz – Die stille Gewalt, 1972, bes. S. 174 ff. Bemerkenswerterweise wird diese Unterscheidung von Herstellung/Darstellung im gerichtsinternen Diskurs über die eigene Arbeit nicht explizit genutzt, es ist ein Konzept des rechtssoziologischen Beobachters zweiter Ordnung, also desjenigen, der beobachtet wie die Richter das Recht beobachten. Das Auseinanderziehen von Herstellung und Darstellung wird intensiv praktiziert, wird aber solches nicht thematisiert, sie taucht auch in den Anleitungsbüchern für den juristischen Nachwuchs nicht auf. Der Nutzen der Trennung von Herstellung und Darstellung wird zu einem guten Teil auf *Latenz* angewiesen sein, so etwa gegenüber der Adressatenschaft gerichtlicher Entscheidungen, denen die Entscheidung als notwendig vorgeführt wird. Auf an-

Ausprobieren abgearbeitet werden, stellt sich die letztliche Entscheidungsbegründung als so und nicht anders denkbar dar. Dieses Auseinanderziehen, diese Trennung von Herstellung und Darstellung der Rechtsentscheidung bildet ein wesentliches Moment richterlichen Entscheidens, das rechtlich durch das Beratungsgeheimnis gemäß § 193 GVG abgestützt wird, eine Rechtsposition die mit erstaunlicher Verve verteidigt wird auch gegenüber der verfassungskräftigen Wissenschaftsfreiheit.

Hier könnten sich anschließen soziologische Studien über die Arbeit des Verfassungsgerichtes, zu verweisen ist etwa *Dominique Schnapper*.[122] Die Soziologin *Schnapper* war zwischen 2001 und 2010 Mitglied des französischen Conseil Constitutionel und hat in dieser Zeit teilnehmend beobachtet.

g) Rechtspolitische Bedeutung am Beispiel der Wahlpflicht

Nach weit verbreiteter Auffassung verstieße die Einführung einer gesetzlichen Wahlpflicht gegen den Grundsatz der Wahlfreiheit.[123] Angesichts einer gewissen Wahl-

---

waltliche Schriftsätze wird dieses Gegensatzpaar von Richtern aber durchaus angewendet, etwa derart, der Anwalt habe eben für seinen Mandanten, so wie geschehen, schreiben müssen, tatsächlich sei er aber ein ganz vernünftiger Mann.

[122] *D. Schnapper*, Une sociologue au Conseil Constitutionel, 2010.

[123] Siehe nur *H. Klein*, in: Maunz / Dürig (Hrsg.), Grundgesetz-Kommentar, 60. Lfrg. 2010, Art. 38 Rn. 108; *S. Magiera*, in: M. Sachs (Hrsg.), Grundgesetz, Art. 38 Rn. 85; *M. Morlok*, in: H. Dreier (Hrsg.), Grundgesetz, 2. Aufl., Band 2, 2006, Art. 38 Rn. 83; *W. Schreiber*, in: K. H. Frühauf / W. Höfling (Hrsg.), Berliner Kommentar zum Grundgesetz, Art. 38 Rn. 99; anderer Auffassung etwa *H.-P. Schneider*, in: Alternativ-Kommentar zum GG, Art. 38 Rn. 66.

müdigkeit und des Zurückgehens der Wahlbeteiligung (die sich in jüngster Zeit freilich nicht fortgesetzt hat) taucht hin und wieder der Vorschlag auf, die Wahlpflicht einzuführen.[124] Hierzu sei nur eine soziologische Überlegung angestellt, die sich stützt auf brasilianische Verhältnisse, die sich von unseren stark unterscheiden. In Brasilien gibt es nicht unerhebliche Teile der Bevölkerung, die unter mangelhafter Inklusion in den üblichen gesellschaftlichen Betrieb leiden, ich spreche insbesondere von den Bewohnern der Favelas. Diese gehen häufig nicht zur Wahl. Eine Wahlpflicht könnte nun dazu beitragen, dass diese Bevölkerungsteile in deutlich größerem Ausmaß zur Wahl gehen, was von der Politik wohl antizipierend beantwortet werden würde mit einer stärkeren Zuwendung zu den Interessen dieser Gruppierungen. Die Wahlpflicht kann also, so diese Überlegung, die Inklusion randständiger Bevölkerungsteile fördern. Das ist kein Plädoyer für die Einführung einer Wahlpflicht bei uns, ich trage dies nur vor, um zu zeigen, wie ein soziologisches Argument zu einer rechtspolitischen Diskussion beitragen kann.

IV. Verfassungssoziologie im engeren Sinne

Verfassungssoziologie im engeren Sinne soll den Unterschied zu den Themen der Rechtssoziologie im Allgemeinen betonen. Sie gilt der Verfassung als solcher in ihrer Spezifik. Damit sind ganz eigene Themen angesprochen,

---

[124] So etwa *I. Herr/M. Sperr*, Die Zeit 2013, Nr. 35 v. 25.08.2013; zur Diskussion weiter *U. Volkmann*, Legal Tribune Online v. 24.06.2014.

die freilich auch Verbindungen zur Rechtssoziologie im Allgemeinen haben.

1. Verfassung als Selbstbegrenzung des politischen Systems und Mechanismus der strukturellen Kopplung vom politischen System und Rechtssystem

Ein hilfreiches Angebot für ein soziologisches Verständnis der Verfassung ist die Beschreibung der Verfassung als Selbstbeschränkung des politischen Systems, wie sie *Niklas Luhmann* entwickelt hat.[125] Zunächst ist hieran bemerkenswert, dass die Verfassung als Eigenbeschränkung der Politik angesehen wird und nicht als etwas, was ihr von außen auferlegt wurde. Diese Begrenzung der politischen Macht schont die anderen gesellschaftlichen Teilbereiche, schützt sie vor einer Überwältigung durch die Politik. Durch das Arrangement der Verfassungsstaatlichkeit wird die Ausübung politischer Macht in die Form des Rechtes gebracht. Damit kann sie nicht mehr willkürlich ausgeübt werden, sie wird berechenbar. Der Vorbehalt des Gesetzes für weitreichende Entscheidungen steht dafür. Diese Bindung der Ausübung politischer Macht an die Form des Rechtes liegt zugleich auch im Interesse der Machtausübung. Die Pointe liegt darin, dass die Machtausübung durch die rechtliche Konditionierung spezifischer, zielgenauer, kurz: wirksamer wird. Eine Verfassung steigert die Effektivität politischer Macht.

---

[125] *N. Luhmann*, Politische Verfassungen im Kontext des Gesellschaftssystems, Der Staat 12 (1973), 1 ff. und 165 ff.; *ders.*, Verfassung als evolutionäre Errungenschaft, Rechtshistorisches Journal 9 (1990), 176 ff.; *ders.*, Das Recht der Gesellschaft, 1993, bes. S. 470 ff.

Speziell für die Grundrechte kann eine soziologische Betrachtung deren gesellschaftsstrukturelle Bedeutung hervorheben. Die Grundrechte wirken einer Entdifferenzierung der Gesellschaft durch Gleichschaltung seitens der Politik entgegen.[126] Man kann auch davon sprechen, dass die Grundrechte der Kolonialisierung anderer Gesellschaftssphären durch die Politik entgegenstehen.[127] Die Eigenständigkeit unterschiedlicher gesellschaftlicher Bereiche wird insbesondere dadurch gewährleistet, dass diese eine eigenständige Kommunikation pflegen können, sich auf eigene Relevanzkriterien ausrichten können. Die rechtlich gesicherte Option ermöglicht es auch, die spezialisierte Ausdifferenzierung voranzutreiben. So ermöglicht etwa die Vereinigungsfreiheit auf ganz spezifische Zwecke ausgerichtete Kommunikationszirkel, die von anderen Bereichen und deren Gegenständen und Relevanzen weit entfernt liegen. Für die Kommunikation innerhalb unserer Vereinigung spielen etwa die Vorlieben für Bayern München oder Borussia Dortmund keinerlei Rolle, die organisatorische Basis einer Fachgesellschaft gewährleistet es, dass mehrere Dutzend Menschen sich einen Vormittag lang über einen Gegenstand wie die Soziologie der Verfassung unterhalten.

Die Spezifität von Beziehungen und der in ihnen ablaufenden Kommunikationen wird in allen rechtlich ge-

---

[126] Dazu ausführlich *N. Luhmann*, Grundrechte als Institution, 1965; siehe auch die weitergehende Deutung der Menschenrechte im Hinblick auf Inklusion und Exklusion bei *G. Teubner*, Die Anonyme Matrix: Zu Menschenrechtsverletzungen durch „Private" transnationale Akteure, Der Staat 45 (2006), 161 ff.; *M. Neves*, Transconstitutionalism, 2013, S. 159 ff.

[127] *C. Thornhill*, Niklas Luhmann and the Sociology of the Constitution, Journal of Classical Sociology, 10 (2010), 315 (327).

regelten Beziehungen auch mit Hilfe der Gleichheitssätze gesichert. Wenn in rechtlich geregelten Handlungszusammenhängen andere als die jeweils einschlägigen Sachgesichtspunkte herangezogen werden, etwa solche aus der Person der Beteiligten oder ihrem Verhalten außerhalb des spezifischen Handlungszusammenhangs, so muss diese Heranziehung sachfremder Gesichtspunkte vor dem Verbot der unbegründeten Ungleichbehandlung gerechtfertigt werden. Diese Spezifität der sozialen Zusammenhänge einer ausdifferenzierten Gesellschaft wird also durch die Rechtfertigungsbedürftigkeit der Heranziehung anderer Gesichtspunkte als der je thematischen gesichert. Als Beispiel darf ich auf die Rechtsprechung verweisen, wonach eine Kopftuchträgerin in einem Kaufhaus zwar aus der Kosmetikabteilung versetzt, aber nicht entlassen werden darf, weil sie in der Haushaltswarenabteilung Verwendung finden kann.[128]

Für das Individuum stellen die Grundrechte einen Autonomieschutz und eine Gewährleistung der Integrität der Besonderheit der eigenen Person dar. Auch dies ist wieder gesellschaftstheoretisch wichtig, weil so durch Individualisierung die unterschiedlichsten Rollen in einer Person kombiniert werden können, eine persönliche Synthese[129] der ausdifferenzierten sozialen Welt wird dadurch möglich. Damit ist notwendigerweise verbunden ein Schutz des Individuums gegen eine übermäßige Beanspruchung durch die Funktionszusammenhänge, in denen es steht, die Grundrechte geben ein Recht auf eine gewisse Rol-

[128] BVerfG (2. Kammer des Ersten Senats), Beschluss vom 30.07. 2003 – 1 BvR 792/03, vgl. NJW 2003, 2815 f.

[129] Dazu schon *M. Morlok*, Selbstverständnis als Rechtskriterium, 1993, S. 285.

lendistanz.[130] Die Identität der Person übersteigt die spezialisierten Rollen und kann gelingenderweise zu einem integrierten Selbstbild gefügt werden. Diese rechtlich gestützen Möglichkeiten der Individualisierung und der Subjektivierung begünstigen zugleich auch das Entstehen von Innovationen – durch die Möglichkeit eines *Persönlichkeitsüberschusses* über die sozial und rechtlich normierten Situationen und Handlungszusammenhänge.[131]

Das Verhältnis von Recht und Politik kann weiter mit *Luhmann* mit dem Begriff der strukturellen Kopplung gefasst werden. Beide werden zugleich aufeinander bezogen, aber nur in spezifischer Weise, und im Übrigen gegeneinander unabhängig gestellt. Die Verfassung stellt sich insofern dar als eine Folge der Trennung von Recht und Politik, die erst mit dieser Differenzierung einen Bedarf nach Verknüpfung entstehen ließ.[132] Die Verfassung ist die Antwort auf die Ermöglichung weitgehend beliebiger Rechtsetzung. Recht ist nicht mehr an traditionale oder naturrechtliche Grenzen gebunden, sondern grundsätzlich autonom, alles kann rechtlich geregelt werden – freilich mit der einen entscheidenden Ausnahme: Das Recht muss verfassungskonform sein. Die Etablierung eines Rechtsetzungssystems ermöglicht und begrenzt also die umfassende Rechtsetzung, die Positivierung des Rechts. Die Rechtsetzung wird dabei der Politik übertragen und damit für politische Gesichtspunkte geöffnet, die im Hinblick auf die Gebote der Rechtsstaatlichkeit aber nur bei

---

[130] Zum Begriff *E. Goffman*, Encounters, Taschenbuchausgabe 1972, S. 73 ff.

[131] Vgl. zu diesem Aspekt *M. Morlok*, Selbstverständnis als Rechtskriterium, a. a. O., S. 282 ff.

[132] *N. Luhmann*, *Verfassung* als evolutionäre Errungenschaft, S. 180.

der Schaffung des Rechts greifen können, nicht bei dessen Anwendung. Die verfassungsrechtliche Gewaltenteilung kommt darin zum Zuge.

Die Verfassung differenziert die politische Macht aus und fasst sie in eigenen Institutionen. Weil so vieles politisch entschieden werden kann, bedarf es der Einrichtung von Entscheidungsverfahren. Die enorm großen Entscheidungsmöglichkeiten können rational nur durch Verfahren abgearbeitet werden, die initial weit ausgreifen und vielerlei Anliegen und Möglichkeiten erfassen. Der Möglichkeitsreichtum einer modernen Gesellschaft kann nicht mehr hinreichend durch den Bezug auf feststehende materielle Maßstäbe reduziert werden. Materielle Maßstäbe müssen unausweichlich gegenüber der großen Zahl an Möglichkeiten relativ wenig instruktiv bleiben. Die politischen Entscheidungsverfahren sind deswegen in ihrem Anfang für die verschiedensten Möglichkeiten und die verschiedensten Interessen und Überzeugungen offen, sie sind sachlich wie personell inklusiv. Die Allgemeinheit des Wahlrechts bringt dies auf einen prägnanten Rechtsbegriff. Damit wird die politische Macht zur Reagibilität für die Interessen und Überzeugungen der Machtunterworfenen gezwungen. Gerade dadurch erhält die verfassungsmäßige Macht auch ihre Legitimität, durchaus auch im Sinne faktischer Akzeptanz.

Im Hinblick auf diese Zusammenhänge kann man deswegen formulieren: Verfassungsmäßige Macht ist die wahrscheinlichste Form der Macht in hoch differenzierten Gesellschaften.[133]

---

[133] *C. Thornhill*, Niklas Luhmann and the Sociology of the Constitution, Journal of Classical Sociology, 10 (2010), 315 (330 f.).

2. Erweiterter Verfassungsbegriff: Selbstbegrenzung in anderen Funktionssystemen

Trifft diese Überlegung zu, dass eine Selbstbeschränkung eines spezialisierten Funktionssystems dessen Leistungsfähigkeit steigert, so liegt die Anschlussfrage nahe, ob es solche Selbstbeschränkungen nicht auch in anderen Systemen als dem politischen System gibt, und zwar aus demselben Grunde: um nicht die Umwelt (im systemtheoretischen Sinne) dieser Teilsysteme vor zerstörerischen Auswirkungen des Agierens des je ins Auge gefassten Systems zu bewahren. Es geht also in diesem Sinne um „Umweltschutz".

G. Teubner und *A. Fischer-Lescano*[134] haben nun in diesem Sinne eine zweifache Erweiterung des Verfassungsbegriffes vorgeschlagen. Der Anwendungsbereich des Konzepts „Verfassung" wird zum einen auf andere Bereiche als das politische System erweitert, etwa die Religion, die Wirtschaft, die Wissenschaft, zum anderen wird der überkommene Wirkungsbereich von Verfassungen, nämlich der Staat, auf die gesamte Welt erweitert, was angesichts des grenzüberschreitenden Wirkens dieser anderen Funktionssysteme unter Bedingungen der Globalisierung nur folgerichtig erscheint. Auch diese anderen Funktionssysteme seien um ihrer eigenen Glaubwürdigkeit und ihres Erfolges willen gehalten, ihre Handlungsmöglichkeiten zu beschränken. Auch wegen äußeren Drucks ent-

---

[134] *G. Teubner*, Verfassungsfragmente, 2012; *A. Fischer-Lescano*/*G. Teubner*, Regime-Kollisionen, 2006; zur Auseinandersetzung mit Teubner *R. Guski*, Autonomy as Souvereignity: On Teubner's Constitutionalization of Transnational Function Regimes, Icon 11 (2013) 523 ff.

wickelten die unterschiedlichen Funktionssysteme Mechanismen der Selbstbegrenzung, auch solche rechtliche oder rechtsähnlicher Art, etwa in der Form von Selbstverpflichtungen.

Ob dieser Entwurf von Verfassungen in anderen Systemen als den politischen empirisch einzulösen ist, mag hier dahinstehen, theoretisch herausfordernd ist diese These aber allemal. Sie führt auf mehrere Fragen. So etwa: Bedarf es auch in anderen Funktionssystemen der Mechanismen einer Selbstbegrenzung? Meines Erachtens ist diese Frage mit Ja zu beantworten. Es gibt genügend Beispiele dafür, dass die Wirtschaft ohne solche Schranken die natürliche Umwelt zerstören kann, das Familienleben beeinträchtigen oder die Gesundheit ruinieren kann, dass die Religion Wirtschaftstätigkeit behindern und der Politik Fesseln anlegen kann, dass die Forschung, etwa in der Medizin, Gesundheit und Leben bedrohen kann, eine Mengele-Forschung stellt das extreme Beispiel dar. Eine andere Frage ist aber, ob das Konzept der Verfassung auf Selbstbeschränkungsaktivitäten anderer Funktionssysteme angewendet werden kann, darin liegt jedenfalls ein bemerkenswerter Schritt zur Abstraktion des Verfassungsbegriffs. Eine – auch politisch – wichtige Frage schließlich geht dahin, ob Mechanismen der *Selbst*beschränkung hinreichen, um die Gefahren ungebremster Teilsystemaktivitäten einzudämmen oder ob nicht doch auf einen zentralen und damit übergeordneten Begrenzungsfaktor in Gestalt des politisch gesetzten Rechtes zurückgegriffen werden muss, weil Selbstbegrenzungskräften nicht die notwendige Wirksamkeit zuzuerkennen ist. Falls dem aber so sein sollte, wäre dann nicht weitgehend vom Modell einer hierarchischen Steuerung Abschied zu nehmen?

Gegen das Hinreichen von Selbstbegrenzungstendenzen sprechen zum einen kognitive Grenzen: Es ist in einer komplexen Gesellschaft eher unwahrscheinlich, dass ein Funktionssystem einen hinreichenden Überblick über die Auswirkungen seiner Aktivitäten auf andere Systeme hat; entsprechendes gilt auch für die Auswirkungen von Selbstbegrenzungsbemühungen. Hinzu tritt die unvermeidliche Interessengeleitetheit des Wahrnehmens und Denkens, so dass man mit begrenzten Fähigkeiten rechnen muss, die Interessen anderer Teilsysteme und deren Funktionslogik zu erkennen, ja anzuerkennen, erst recht, um sie in einer Weise anzuerkennen, die die eigenen Interessen zurücknimmt. Nicht zuletzt ist auch an das staatliche Monopol der legitimen Gewaltausübung zu erinnern. Im innerstaatlichen Bereich steht die Drohung mit Gewalt hinter den rechtlichen Regulierungen. Ob im Bereich jenseits der Staatlichkeit und gegenüber den verschiedenen Funktionssystemen auf dieses ultimum remedium verzichtet werden kann und soll – bei aller Anerkennung der Bedeutung von Reziprozität- und Koordinationsinteressen für die Beförderung von Normtreue – bleibt doch sehr die Frage.

3. *Sicherung der Kompatibilität der einzelnen Funktionssysteme als Aufgabe der Verfassung*

Aus dem Bisherigen ist festzuhalten: Ausdifferenzierte Teilsysteme bedürfen der Begrenzung um der Funktionsfähigkeit der anderen gesellschaftlichen Teilsysteme willen. Meine These hierzu lautet: Wesentliche Aufgabe einer Verfassung in einer funktional differenzierten Gesellschaft ist es, die Kompatibilität der Teilsysteme zu gewährleisten, also dafür Sorge zu tragen, dass das ungehemmte Verfolgen der je eigenen Funktionslogik nicht die Funktionsfähigkeit der anderen Teilsysteme, also der Umwelt des jeweiligen Systems, erheblich stört oder gar unmöglich macht. Anders, in der Sprache der Ökonomie formuliert: Es geht um die Beschränkung oder gar Vermeidung negativer externer Effekte.

a) Rechtliche Gestalt der Kompatibilisierungsproblematik

Die Teilsysteme arbeiten regelmäßig unter dem Schutz von Grundrechten, einige Teilsysteme haben eigene Grundrechte, etwa Art. 4 oder Art. 5 Abs. 3 GG, die Wirtschaft wird sich wesentlich auf Art. 12 und Art. 14 berufen können, darüber hinaus steht Art. 5 Abs. 1 für eine spezifische fachinterne Kommunikation zur Verfügung und Art. 9 Abs. 1 insofern, als es regelmäßig (auch) um das Handeln von Organisationen geht, jedenfalls steht für alle Arten von Handlungen in Art. 2 Abs. 1. GG zur Verfügung.

Die Verpflichtung auf die Achtung der Interessen anderer gesellschaftlicher Bereiche bzw. konkret der in diesen agierenden Personen und Organisationen taucht verfassungsrechtlich etwa auf in Art. 20a GG, die „Umwelt"-Verantwortung hier in einem ganz spezifischen, nicht soziologischen Sinne. Diese systemtheoretische Umweltverantwortung kann man aber als in Art. 14 Abs. 2 GG oder im Sozialstaatsprinzip angelegt erkennen. Die Akteure in den gegebenenfalls beeinträchtigten anderen Sozialbereichen können sich ihrerseits auch auf Grundrechte berufen.

Die Problematik der Kompatibilität spiegelt sich demgemäß in grundrechtlichen *Kollisionslagen*. Während gegenüber dem Staat die Abwehrdimension greift, muss gegenüber anderen gesellschaftlichen Akteuren die Schutzpflichtdogmatik aktiviert werden. Das Aufkommen dieser Grundrechtsdimension kann von dieser Warte aus gedeutet werden als die Reaktion auf die Verschärfung der hier in den Blick genommenen Kompatibilitätsprobleme.

Rechtlich versucht man die Kompatibilität gesellschaftlicher Teilprobleme in der Balancierung widerstreitender Grundrechte herzustellen. Die einschlägige Schrankendogmatik ist also so ein wesentliches Forum, auf dem diese Kompatibilisierungsarbeit zu leisten ist. An dieser Stelle kann nun nicht länger verschwiegen werden, dass ich hier von nichts anderem handele als dem, was *Kant* als Antwort auf die Frage „Was ist Recht?" gegeben hat, nämlich Recht als der Inbegriff der Bedingungen, unter denen das Recht des einen mit dem Recht des anderen verträglich ist.[135] Allein die soziologische Einkleidung entwertet diesen alten Gedanken von der Notwendigkeit, widerstreitende Interessen miteinander abzustimmen, nicht, sie macht vielmehr dem Verfassungsjuristen klar, dass die in Gestalt von Kollisionen zwischen Individualrechten auftretenden Probleme einen handfesten gesellschaftlichen Hintergrund haben, der für eine zureichende Lösung dieser Probleme zu beachten ist. Die im Rechtssystem regelmäßig anfallende Gestalt von Einzelfällen ist ohne diese Blickerweiterung nicht in der Lage, die

[135] „Inbegriff der Bedingungen, unter denen die Willkür des einen mit der Willkür des anderen nach einem allgemeinen Gesetze der Freiheit vereinigt werden kann", so *I. Kant*, Die Metaphysik der Sitten, Einleitung in die Rechtslehre, § B (A B 31, 32), in: Werke in 6 Bänden, herausgegeben von W. Weischedel, Band IV, 1983, S. 337.

Gesamtproblematik des Verhältnisses ausdifferenzierter spezialisierter Teilsysteme angemessen in den Griff zu bekommen. Verfassungsrechtsdogmatik und Verfassungsrechtstheorie müssen hier auf soziologische Überlegungen zurückgreifen.

b) Integration der Teilrechtsgebiete durch die Verfassung

Die unterschiedlichen Teilrechtsgebiete haben sich in ihrer Spezifität entwickelt, um ihrem jeweiligen Regelungsfeld gerecht zu werden. Die spezialisierten Teilsysteme haben typischerweise zur Entwicklung eines spezifischen Rechtsgebietes geführt, das im je gegebenen Fall von grundrechtlichen Ansprüchen noch verstärkt wird. Das Problem der Kompatibilisierung der funktionsspezifischen Teilsysteme gewinnt in dem Maße, in dem die Teilrechtsgebiete sich auseinander entwickelt haben, die Gestalt des Problems der „Einheit der Rechtsordnung".[136] Hier wurde verschiedentlich herausgearbeitet, dass in einem strengen Sinne diese Einheit der Rechtsordnung nicht mehr realisierbar ist, wir vielmehr eine *differenzierte* Rechtsordnung anzuerkennen haben. Gleichwohl besteht ein Bedarf nach (relativer) Integration des gesamten Rechtssystems. Dem dienen nicht zuletzt die Verfassung und die Verfassungsrechtsprechung.

---

[136] Stichwortsetzend *K. Engisch*, Die Einheit der Rechtsordnung, 1935; dazu *M. Baldus*, Die Einheit der Rechtsordnung, 1995, insbesondere S. 11 ff., S. 186 ff.; *D. Felix*, Einheit der Rechtsordnung, 1998; *Ch. Bumke*, Relative Rechtswidrigkeit, 2004, bes. S. 37 ff., S. 89 ff.; s. jetzt auch *D. Grimm*, Das Öffentliche Recht vor der Frage nach seiner Identität, 2012, S. 48 ff.

Wenn dem so ist, dann ist die Integration der verschiedenen Teilrechtsgebiete nur eine spezielle Erscheinungsform der Aufgabe, die Kompatibilität der gesellschaftlichen Teilbereiche sicher zu stellen.

So ist beispielsweise das BGB – sicher etwas vereinfacht, aber doch nicht unzutreffend – zu verstehen als das Zivilrecht einer kapitalistisch wirtschaftenden Gesellschaft. Relativ unreguliert ablaufende Marktprozesse haben nun schädliche Auswirkungen auf andere Bereiche der Gesellschaft, das Recht hat deswegen durch verschiedene soziale Schutzrechte das BGB nicht unerheblich eingehegt, ich erinnere an das soziale Mietrecht, das Arbeitsrecht, an das Konsumentenschutzrecht. Diese Materien kamen sicher aus politischen Motiven und auf politischen Druck hin in die Rechtsordnung, sie lassen sich aber verstehen als Ausdruck von Verfassungsgeboten, sei es etwa des Sozialstaatsprinzips oder des grundrechtlich gebotenen Schutzes der Freiheit der Einzelnen, die dieser Freiheit auch im wirtschaftlichen Zusammenhang nicht verlustig gehen sollen. Auch die Gleichbehandlungsgebote der Verfassung haben hier ihre Bedeutung, ich erwähne § 611a BGB oder das AGG. Das Sonderprivatrecht in seinen verschiedenen Ausprägungen stellt mithin den Tropfen – oder auch deutlich mehr – sozialen Öls dar, den *Gierke* am BGB vermisst hatte.[137]

---

[137] *O. von Gierke*, Die soziale Aufgabe des Privatrechts, 1943 (zuerst Berlin 1889), S. 10; tatsächlich wird dieses oft in dieser Form wiedergegebene Zitat aber der Originalquelle nicht gerecht, *Gierke* sagte: „Wir brauchen aber auch ein Privatrecht, in welchem trotz aller Heilighaltung der unantastbaren Sphäre des Individuums der Gedanke der Gemeinschaft lebt und webt. Schroff ausgedrückt: In unserem öffentlichen Raum muss ein Hauch des naturrechtlichen

Instrumente zur Durchsetzung dieser Leistung der Verfassung sind die Verfassungswidrigerklärung von Gesetzen, vor allem aber wie gezeigt die Gesetzgebung, etwa des gesamten Sonderprivatrechtes, und nicht zuletzt aber auch die Auslegung des einfachen Rechts im Lichte der Verfassung. Eine wichtige Rolle bei diesen Einwirkungen der Verfassung auf das einfache Recht spielt die bereits genannte Schutzpflichtdogmatik. Als Beispiele kann man verweisen auf die Sicherung des Selbstbestimmungsrechtes der Patienten durch die von der Rechtsprechung entwickelten Aufklärungspflichten,[138] die Integrität der Person gegen religiöse oder Gewissensnöte im Arbeitsverhältnis führt aufgrund von Art. 4 GG zu Modifikationen der Leistungspflicht[139], schließlich darf noch auf die Bürgschaftsrechtsprechung des Bundesverfassungsgerichts[140] hingewiesen werden.[141]

Das Ausgreifen des Verfassungsrechtes auf die verschiedenen Teilrechtsgebiete des einfachen Rechtes ist als *Konstitutionalisierung der Rechtsordnung* beschrieben worden.[142] Dieser Vorgang wurde wesentlich durch die

---

Freiheitsraumes wehen, in unser Privatrecht muss ein Tropfen sozialistisches Öl durchsickern." Die Wendung vom „Tropfen sozialen Öls" findet sich bei *F. Wieacker*, Privatrechtsgeschichte der Neuzeit, 2. Aufl. 1967, S. 470.

138 Siehe dazu etwa BGHZ 70, 277 (287).

139 Als Beispiel BAG JZ 1985, 1108 ff.; BAG JZ 1990, 139 ff. mit Anmerkung *Th. Mayer-Maly*.

140 BVerfGE 89, 214.

141 Zum Ganzen *M. Morlok*, Big Brother – oder Zivilrecht im Verfassungsstaat, in: H.-J. Bauer/M. Posch/ders. (Hrsg.), Zivilrecht – Sonne oder Planet der Rechtsordnung, 2000, Seite 25 ff.

142 *G. F. Schuppert/C. Bumke*, Die Konstitutionalisierung der Rechtsordnung, 2000.

Rechtsprechung des Bundesverfassungsgerichts vorangetrieben. Er wird von Seiten der betroffenen Rechtsgebiete eher kritisch kommentiert.[143] Die dogmatische Rechtfertigung findet die Konstitutionalisierung im Vorrang der Verfassung, der nicht nur als Kollisionsvorrang verstanden wird, der vielmehr auch eine Ausstrahlungswirkung begründe, was bekanntlich auch zur Warnung vor „Strahlenschäden" im einfachen Recht führte.[144] Dahinter steht das Verständnis der Verfassung als Wertordnung.[145] Rechtstheoretisch lässt sich das erklären mit dem Charakter wichtiger Verfassungsbestimmungen als *Prinzipien*, denen die Qualität von Optimierungsgeboten zugeschrieben wird.[146] Diese Eigenschaft verlangt die möglichste Verwirklichung der Norm und verschafft dieser Dynamik und Ausdehnungsdrang.

Diese expansiven Tendenzen des Verfassungsrechts werden in jüngerer Zeit für das Zivilrecht oft kritisch gesehen, sie lassen sich aber auch auf anderen Rechtsgebieten feststellen, so etwa im Strafrecht.[147] Für das Ver-

---

[143] Siehe etwa *U. Diederichsen*, Die Selbstbehauptung des Privatrechts gegenüber dem Grundgesetz, Jura 1997, 57ff.; *J. Sonnenschein*, Die Rechtsprechung des Bundesverfassungsgerichts zum Mietrecht, NJW 1993, 161ff.; siehe auch *J. Isensee*, Bundesverfassungsgericht – quo vadis?, JZ 1996, 1085ff.

[144] So *J. Isensee*, a.a.O. (1089).

[145] Wegweisend BVerfGE 7, 198 (205, 208); aus der Literatur *H. Goerlich*, Wertordnung und Grundgesetz, 1973; auch zur Kritik an dieser Wertordnungsrechtsprechung der Grundrechte *E.-W. Böckenförde*, Zur Lage der Grundrechtsdogmatik nach 40 Jahren Grundgesetz, 1989.

[146] *R. Alexy*, Theorie der Grundrechte, 2. Aufl. 1994, S. 77ff.

[147] BVerfGE 92, 1ff. und neuere Entscheidungen zur restriktiven Handhabung der Untreue; aus der Literatur *K. Tiedemann*, Ver-

waltungsrecht war die verfassungsrechtliche Durchdringung bekanntlich seit längerem anerkannt[148] und hat zu tiefgreifenden Umstrukturierungen dieses Rechtsgebiets geführt. Aus dem hier gewählten Blickwinkel wird sichtbar, dass diese Konstitutionalisierung des Rechtes eine Methode zur Abstimmung der Teilrechtsordnungen ist und damit auch einen Weg zur Kompatibilisierung der verschiedenen Funktionssysteme darstellt. Vom Standpunkt des Verfassungsrechts aus sieht man anderes als von der Warte des jeweiligen Teilrechtsgebietes. Die verfassungsrechtliche Außenbeobachtung ist damit strukturell in der Lage, die „Umweltschäden" zu sehen, welche die Praxis der Einzelrechtsgebiete verursacht. Gerade um diese negativen externen Wirkungen des Operierens der Teilsysteme geht es ja bei der Aufgabe der Abstimmung dieser Bereiche untereinander. Die Konstitutionalisierung der gesamten Rechtsordnung erlaubt es, Kompatibilitätsprobleme in der Sprache des (Verfassungs)Rechtes zu thematisieren – und durch die Instanzen des Rechtssystems zu entscheiden. Mit dem Bundesverfassungsgericht steht sogar eine Instanz mit Durchsetzungsmacht selbst gegenüber dem Gesetzgeber für die Wahrnehmung dieser Aufgabe bereit.

Diese Integration des Rechts durch das Verfassungsrecht kann selbstverständlich nicht allein durch das Verfassungsgericht bewirkt werden, dieses kann nur Anstöße geben. Die detailgenaue Ausgestaltung bleibt der Gesetz-

fassungsrecht und Strafrecht, 1991; *G. Stechlin*, Strafgesetzgebung im Verfassungsstaat, 1998.

[148] Erinnert sei an das bekannte Schlagwort Verwaltungsrecht als konkretisiertes Verfassungsrecht, *F. Werner*, Verwaltungsrecht als konkretisiertes Verfassungsrecht, DVBl. 1959, 527 ff.

gebung, der fachgerichtlichen Rechtsprechung und natürlich der Spezialdogmatik überlassen. Immer geht es aber darum, dass die Verfassung aktiviert wird als Kollisionsrecht der Einzelrechtsgebiete,[149] die auf die Funktionsimperative der Teilsysteme eingestellt sind.

4. Zur Chancengleichheit in der Demokratie

Eine Soziologie der Verfassung wird sich selbstverständlich auch mit *verfassungsrechtlichen Einzelgewährleistungen* beschäftigen und nicht nur die Verfassung als Ganzes betrachten.

Auch bei der Verwirklichung des Demokratieprinzips zeigen sich die Leistungsmöglichkeiten einer verfassungssoziologischen Betrachtung. Die dem egalitären Ideal verpflichtete Demokratie hat ein Grundproblem: Wie kann die politische Chancengleichheit realisiert werden in einer Gesellschaft, die von verschiedenen oft erheblichen Ungleichheiten geprägt ist? Eine freiheitlich verfasste Gesellschaft produziert unvermeidlicherweise Ungleichheiten, diese sind nicht als solche zu bekämpfen, es geht lediglich darum, für den Bereich der Politik die Chancengleichheit herzustellen. Es gilt also, die Politik als Insel der Chancengleichheit im Meer der gesellschaftlichen Ungleichheit zu verteidigen. Es bedarf somit besonderer Vorkehrungen, um die demokratische Politik vor dem Überwältigtwerden durch gesellschaftlich ungleich verteilte Ressourcen zu verteidigen.

---

[149] So schon *M. Morlok*, Big Brother – oder Zivilrecht im Verfassungsstaat, in: H.-J. Bauer/M. Posch/ders. (Hrsg.), Zivilrecht – Sonne oder Planet der Rechtsordnung, 2000, S. 25 ff.

Hierfür hat das Recht mehrere Instrumente bereitgestellt. Von größter Wichtigkeit ist die Ausgestaltung des Wahlrechts, hier insbesondere die Allgemeinheit und die Gleichheit der Wahl, abgestützt durch die Geheimheit der Wahl. Diese konstituieren eine Staatsbürgerrolle,[150] in der von allen sonstigen gesellschaftlichen Qualitäten der Bürger abstrahiert wird, also von Bildung, Einkommen, Beruf, Religion oder Reputation. Ein solches Absehen von allen gesellschaftlichen Unterschieden ist durchaus bemerkenswert und soziologisch betrachtet unwahrscheinlich. In der Rolle des Staatsbürgers kann dies einigermaßen gewährleistet werden, zumal im zentralen Akt der Wahl; in den anderen Aspekten der Staatsbürgerrolle fungieren die Grundrechte als Gewährleistungen, so stehen die Meinungsäußerungsfreiheit und die Vereinigungsfreiheit auch allen Bürgern gleichermaßen zu. Die rechtlichen Gleichheitsgarantien dienen also der Ermöglichung spezifischer Rollen, in denen es nur auf die Erfüllung rollenspezifischer Erwartungen ankommt und von anderen Eigenschaften der Personen oder deren Rollen abgesehen wird. Die Heranziehung anderer Kriterien als der im jeweiligen Zusammenhang spezifischen steht im Verdacht der Diskriminierung und ist rechtfertigungspflichtig.[151]

Für die demokratische Politik bedeutet diese Neutralisierung gesellschaftlicher Unterschiede einen Gewinn an Unabhängigkeit gegenüber den bestehenden gesellschaftlichen Gegebenheiten. Nur so können gesellschaftliche

---

[150] Siehe dazu *N. Luhmann*, Legitimation durch Verfahren, 1969, S. 155 ff.; *ders.*, Soziologie des politischen Systems, KZfSS 20 (1968), 705 (706 ff.); Politische Soziologie, S. 353 ff., 397 ff.

[151] Vgl. dazu *N. Luhmann*, Grundrechte als Institution, 1965, S. 162 ff.

Machtverhältnisse, jedenfalls tendenziell, verändert werden: Die Politik gewinnt an Steuerungsfähigkeit gegenüber der Gesellschaft.[152]

Auch die Freiheit des Mandats ist in dieser Funktion zu sehen. Sie öffnet den Abgeordneten für potentiell alle gesellschaftlichen artikulierten Belange und vermeidet Fixierungen auf bestimmte Interessen. Das Freie Mandat soll also die Wahrnehmungsfähigkeit der Volksvertretung für alle in der Gesellschaft vorhandenen Anliegen sichern.[153] Auch das Abgeordnetenrecht kennt auf die Notwendigkeit der Ausdifferenzierung der Politik bezogene Vorschriften; so gibt es gegen die Gefahren familiärer Loyalitätsgefühle ein Verbot, Familienangehörige als Mitarbeiter zu beschäftigen, und gegenüber den Versuchungen finanzieller Art eine Offenlegungspflicht von Nebeneinkünften.

Die rechtliche Gewährleistung gleicher Chancen in der Staatsbürgerrolle, also als Wähler und Inhaber politisch einsetzbarer Grundrechte, bleibt aber in einer Gesellschaft der Ungleichheit defizitär, um tatsächliche politische Chancengleichheit herzustellen. Insbesondere die ungleich verteilten finanziellen Möglichkeiten gefährden die politische Chancengleichheit aller Bürger. Deswegen haben der politischen Chancengleichheit verpflichtete Rechtsordnungen ein Regime der Parteienfinanzierung entwickelt, das die politische Einflussnahme durch Geld begrenzen soll. Ich kann hier pauschal auf das System der

---

[152] Zu diesem Aspekt der Machtsteigerung einer differenzierten Gesellschaft durch (subjektive) Rechte *C. Thornhill*, Re-Conceiving Rights Revolutions, Zeitschrift für Rechtssoziologie 31 (2010), 177 ff.

[153] Vgl. *M. Morlok*, in: H. Dreier (Hrsg.), Grundgesetz-Kommentar, 2. Aufl., Band 2, 2006, Art. 38, Rn. 142 ff.

Parteienfinanzierung verweisen, einschließlich des Staatsanteiles und der Offenlegungspflichten über die Parteifinanzen. Bekanntlich gibt es immer wieder, nicht nur in Deutschland, Verstöße gegen das auf Chancengleichheit zielende rechtliche Regiment der Politikfinanzierung. Ihr Bekanntwerden führt regelmäßig zu einer Skandalisierung und möglicherweise auch zu einer Diskreditierung der bestehenden Demokratie. Soziologisch betrachtet ist hierzu festzustellen, dass die Durchsetzung der Chancengleichheit in der Politik in einer ansonsten von Ressourcenungleichheit geprägten Gesellschaft prekär bleiben muss, darüber hinaus aber auch, dass solche Verstöße weniger die Dekadenz der bestehenden politischen Ordnung anzeigen als die Unwahrscheinlichkeit einer solchen egalitären Teilordnung und die Tatsache, dass es sich bei diesen Verstößen nicht um den Normalfall, sondern eben (hoffentlich) um Ausnahmen, um Devianz handelt. Der Regelfall ist es nicht. Man darf hier an das Wort von *Hermann Heller* von der „normalisierenden Kraft des Normativen“[154] erinnern.

Darüber hinaus ist aber auch auf die Parteien als Einrichtungen zu verweisen, die der politischen Chancengleichheit dienen. Soweit nun die politische Einflussnahme wesentlich über die politischen Parteien läuft, so dient dies der Chancengleichheit aller Bürger. Die Parteien entwickeln – wie alle Organisationen – eigene Erfolgskriterien, interne Ereignisse sind wichtiger als externe. Diese Erfolgskriterien unterscheiden sich von dem, was in anderen Zusammenhängen für Erfolg, Einfluss und Bedeutung

[154] *H. Heller*, Staatslehre, (zuerst 1934), hier zit.: 4. unv. Auflage 1970, S. 252.

sorgt. Die Notwendigkeit, parteiinterne Zustimmung und Unterstützung für sachliche oder personelle Vorschläge zu finden, neutralisiert mithin in anderen Bereichen der Gesellschaft vorhandene Potentiale. Die Spezifik der Organisation politische Partei sorgt damit für eine größere Chancengleichheit.[155] Das kann man auch daran sehen, dass es für Bürger aus den unteren Strata der Gesellschaft offenbar leichter ist, in politische Spitzenämter zu kommen als in solche der Wirtschaft. Dieser gleichheitsfördernde Selbstbezug der Parteien ist etwa sichtbar an der sehr begrenzten Bedeutung, die sogenannte Quereinsteiger in der Politik haben. Diese werden beargwöhnt, falls sie nicht die sog. „Ochsentour" absolviert haben – in der gleichheitssichernden Funktion hat diese Binnenorientierung der Parteien ihre heimliche Bedeutung.

V. Resümee

Wegen der sichtbar gewordenen Vielzahl und der Vielfalt der möglichen Leistungen und Gegenstände einer Verfassungssoziologie fällt ein Resümee schwer.

1. *Verfassungssoziologie als Teilgebiet der allgemeinen Rechtssoziologie*

Diese Betrachtung der gesellschaftlichen Einbindung des Rechts ist ja überhaupt die Aufgabe der Rechtssoziolo-

---

[155] Dazu *M. Morlok*, Politische Chancengleichheit durch Abschottung? Die Filterwirkung politischer Parteien gegenüber gesellschaftlicher Machtposition, in: D. Gehne/T. Spier (Hrsg.), Krise oder Wandel der Parteiendemokratie, FS von Alemann, 2010, S. 19 ff.

gie. Die Verfassungssoziologie ist sicher ein Teil der allgemeinen Rechtssoziologie. Deren Aufgaben stellen sich auch in gleicher, ähnlicher oder spezifischer Weise für die Verfassungssoziologie. Dabei geht es vom Verwendungsinteresse der Juristen her im Schwerpunkt um Folgendes:

a) Gesellschaftliche Einbindung der Verfassung

Der Ausgangspunkt ist offenbar: Das Recht ist – unbestritten, jedenfalls diesseits naturrechtlicher Vorstellungen – ein Produkt der jeweiligen Gesellschaft. Das gilt auch für die Verfassung. Ein zureichendes Verständnis muss daher die Beziehung der Verfassung zu der gesellschaftlichen Situation in den Blick nehmen, in der sie entstanden ist und in der sie wirken will; zwischen beiden Zeitpunkten können gerade bei Verfassungen erhebliche Zeitspannen liegen, was eigene Schwierigkeiten für das Recht hervorbringt.

Die gesellschaftliche Abhängigkeit bedeutet nicht, dass die Verfassung nur ein Reflex der gesellschaftlichen Machtverhältnisse sei – etwa im Sinne von *Lassalle* –,[156] dass sie nur nach der marxistischen These ein Überbau der gesellschaftlichen Strukturen sei. Dem Recht generell wie insbesondere auch der Verfassung kann durchaus eine eigene Bedeutung in der Gesellschaft zukommen,

---

[156] *F. Lassalle*, Über Verfassungswesen, Fotomechanischer Nachdruck aus: Gesammelte Reden und Schriften, Bd. 2, 1919, zuerst gedruckt 1862. Als zeitgenössische Fassung dieses Ansatzes, Verfassungen als Ausdruck der realen Machtverhältnisse zu sehen, gerade auch im Hinblick auf den Zeitpunkt der Verfassunggebung, s. *R. Hirschl*, The Strategic Foundations of Constitutions, in: D. J. Galligan / M. Versteeg (eds.), Social and Political Foundations of Constitutions, 2013, S. 157 ff.

das bedeutet, dass das Recht mehr oder weniger Autonomie[157] haben und damit auf die Gesellschaft einwirken kann. Dieses mehr oder weniger an Autonomie und damit Steuerungskraft ist aber abhängig von fördernden oder begrenzenden Umständen, etwa der Existenz einer Verfassungsgerichtsbarkeit und deren Kompetenzen. Gerade die Ermittlung der möglichen Bedeutung der Verfassung kommt nicht ohne Verfassungssoziologie aus.

Wegen dieser gesellschaftlichen Einbindung ist Verfassungssoziologie unentbehrlich für eine Verfassungsrechtswissenschaft, die ihren Gegenstand hinlänglich verstehen will, sie sollte aber auch für die Praxis des Verfassungsrechts – in geeigneter Form – zur Verfügung stehen.

b) Einzelaspekte verfassungssoziologischen Zugriffs

aa) Heranziehung empirisch gesicherten Wissens über gesellschaftliche Umstände

Zum einen handelt es sich darum, dort empirisch gesichertes Wissen über gesellschaftliche Umstände heranzuziehen, wo dieses für die Klärung der faktischen Entscheidungsgrundlagen erforderlich ist und wo solches Wissen verfügbar ist oder jedenfalls mit vertretbarem Aufwand zu beschaffen ist; die Angemessenheit der Informationskosten bemisst sich dabei natürlich je nach Verwendungsort, anders gesagt, der Amtsrichter muss Informationslücken eher hinnehmen als das Bundesver-

---

[157] *Ph. Nonet / Ph. Selznick*, Law and Society in Transition, 1978, bes. S. 53 ff.; stark am historischen Material *J. Rückert*, Autonomie des Rechts in rechtshistorischer Perspektive, 1988; *E. Bolsinger*, Autonomie des Rechts?, PVS 42 (2001), 3 ff.

fassungsgericht.[158] Es geht also darum, solides Wissen gegen ungeprüfte Annahmen des Alltagswissens[159] auszutauschen. Dabei ist zu differenzieren zwischen der Ermittlung von Tatsachen, der Erklärung festgestellter Umstände und der Prognose künftigen Geschehens, wie sie bei der *Folgenorientierung*[160] der Rechtsprechung wie der Rechtsetzung (jedenfalls implizit) eine Rolle spielt.

---

[158] Eine interessante Frage ist, wie lege artis mit erkannten Informationslücken umzugehen ist, die aber mit im gegebenen institutionellen Zusammenhang aufbringbaren Kosten nicht zu schließen sind.

[159] Solche Vorstellungen des Alltagswissens über durchaus soziologische Fragestellungen mögen überaus plausibel erscheinen – und dennoch empirischen Nachprüfungen nicht standhalten, siehe etwa die Beispiele bei *P.F. Lazarsfeld*, The American Soldier: An Expositery Review, Public Opinion Quarterly 13 (1949), 377 (378 ff.); zur Verwendung solchen Wissens in der Rechtsprechung s. *J. Bürkle*, Richterliche Alltagstheorien im Bereich des Zivilrechts, 1984. Zum Problem der Heranziehung soziologischen Wissens in der Rechtsprechung s. *K.J. Philippi*, Tatsachenfeststellungen des Bundesverfassungsgerichts, 1971; *H.A. Hesse*, Die Einbeziehung der Soziologie in die juristische Dogmatik am Beispiel der Auslegung von Art. 12 GG, DVBl. 1976, 657 ff.; *F. Jost*, Soziologische Feststellungen in der Rechtsprechung des Bundesgerichtshofs in Zivilsachen, 1979; *J. H. A. Sander*, Normtatsachen im Zivilprozess, 1998; *B.-O. Bryde*, Tatsachenfeststellungen und soziale Wirklichkeit in der Rechtsprechung des Bundesverfassungsgerichts, in: P. Badura/H. Dreier (Hrsg.), Festschrift 50 Jahre Bundesverfassungsgericht, 2001, Band I, S. 533 ff.; *K. Korinek*, Die Tatsachenermittlung im verfassungsgerichtlichen Verfahren, in: K. Stern (Hrsg.), 40 Jahre Grundgesetz, 1990, S. 107 ff.

[160] Die Folgenorientierung bei der Gesetzgebung wie in der Rechtsprechung wirft ein ganzes Bündel von Fragestellungen auf, so die nach der Existenz und der Zugänglichkeit einschlägigen Wissens für Gesetzgeber einerseits, Gerichte andererseits, die nach dem Umgang mit den unvermeidlichen Ungewissheiten über die tatsächlichen Folgen unterschiedlicher rechtlicher Gestaltung, die nach der Unterscheidung von Folgen im Einzelfall und generellen Folgen, die nach der Unterscheidung von Rechtsfolgen und rechtsexternen Folgen, die

Ich darf dafür ein Beispiel geben: Vor einigen Jahrzehnten wollte ein junger Mann den Beruf des Geburtspflegers ergreifen, also sich für die Tätigkeit einer Hebamme ausbilden lassen. Das wurde ihm letztinstanzlich vom Bundesverwaltungsgericht[161] verweigert mit dem Argument, bei der Situation der Geburt seien Frauen nicht bereit, die Anwesenheit eines Mannes hinzunehmen. Dies erfolgte schlicht aus den Vermutungen der Richter heraus, ohne jede Absicherung und unter Zurückweisung der Tatsache, dass männliche Gynäkologen bei der Geburt ohne weiteres akzeptiert waren.

bb) Konzeptionalisierungshilfe

Neben der Beibringung von fundiertem empirischem Wissen, was zugestandenermaßen oft einen erheblichen Aufwand erfordert, kann die Soziologie auch mit theo-

---

nach der Länge der ins Auge gefassten Kausalkette der Folgen, also nach unmittelbaren und mittelbaren Folgen, schließlich die normative Frage nach der Zulässigkeit richterlichen Folgeorientierung, die Antwort hierauf wird unterschiedlich ausfallen je nach der Einschätzung des bestehenden richterlichen Entscheidungsspielraumes. Zur Diskussion dieser Fragen siehe skeptisch *N. Luhmann*, Rechtssysteme und Rechtsdogmatik, 1974, bes. S. 31 ff.; dazu *W. Teubner*, Folgenkontrolle und responsive Dogmatik, Rechtstheorie 6 (1975), S. 179 ff.; *ders.* (Hrsg.), Entscheidungsfolgen als Rechtsgründe, 1995, dort auch die Berichte über die verfassungsgerichtliche Argumentationspraxis von *L. Mengoni*, Hermeneutik und Folgenorientierung: Zur Argumentationspraxis der italienischen Corte Costitutionale, S. 123 ff. und *D. Grimm*, Entscheidungsfolgen als Rechtsgründe: Zur Argumentationspraxis des Deutschen Bundesverfassuungsgerichts, S. 139 ff.; *Th. Wälde*, Juristische Folgenorientierung, 1979; *G. Lübbe-Wolf*, Rechtsfolgen und Realfolgen, 1981; *M. R. Deckert*, Folgenorientierung in der Rechtsanwendung, 1975.

[161] Dazu BVerwGE 40, 17 (bes. 21 f.).

retischen Figuren Konzeptionalisierungshilfe leisten. Die juristische Tätigkeit besteht ja zu einem nicht kleinen Teil in der analytischen Durchdringung von Sachverhalten und der Differenzierung verschiedener Aspekte einer Problemlage; für manche dieser Aspekte hat die Soziologie eine eigene Begrifflichkeit ausgearbeitet. So kann man etwa bei einem Abgeordneten unterscheiden zwischen seiner Rolle als Abgeordneter und seiner Rolle als Bürger, nur in letzterer ist der Grundrechtsträger, nur in ersterer verfügt er über die besonderen Rechte eines Abgeordneten.[162] Es geht also um Denkhilfen in Form von Theorieangeboten.

cc) Instrumentelles Rechtsverständnis

In modernen westlichen Gesellschaften dürfte wohl ein instrumentelles Rechtsverständnis vorherrschen,[163] wo-

---

[162] Ähnlich gelagert ist die Frage der Zulässigkeit negativer, wertender Äußerungen eines Mitgliedes der Regierung im politischen Meinungskampf zwischen den politischen Parteien, dort geht es um die Meinungsäußerungsfreiheit einerseits und um die Neutralitätspflichten des Amtsträgers andererseits.

[163] Im Gegensatz dazu stehen Vorschriften insbesondere religiösen Rechts, die um ihrer selbst willen zu beachten sind, weil sie Gottes Gebot darstellen, genauer müsste man wohl formulieren: die um Gottes Willen zu befolgen sind – und nicht durch Erwägungen fehlender Zweckrationalität entwertet werden können. Diese Rechtskonzeption steht im Zusammenhang des okzidentalen Rationalismus, wie er insbesondere von Max Weber beschrieben wurde, gerade auch als „Entzauberung der Welt", zu der eben auch eine Rationalisierung des Rechts zählt. Siehe nur *M. Weber*, Die protestantische Ethik und der Geist des Kapitalismus, in: ders., Gesammelte Aufsätze zur Religionssoziologie, 3 Bände, 1920/21, Band I, S. 1. ff.; Zur Rationalisierung des Rechts *ders.*, Wirtschaft und Gesellschaft, Nachdruck der Erstausgabe von 1922, S. 467 ff.; zur Entfaltung der Rationalisierungsthese

nach rechtliche Vorschriften eine Antwort auf bestimmte identifizierte Probleme darstellen. Diese Auffassung von der Aufgabe des Rechts eröffnet auch einen interessanten Ansatzort für soziologische Betrachtungen. Wenn eine rechtliche Vorschrift oder auch eine dogmatische Figur zur Lösung eines bestimmten Problems entworfen wurde, dann stellt sich die Frage nach dem Fortbestand oder dem Wandel oder gar dem Wegfall der ursprünglichen Problemsituation. Es gibt nun Antworten des Rechts auf innerdogmatische Fragen,[164] aber häufig eben auch auf gesellschaftliche Problemstellungen. Hier ist die sozialwissenschaftliche Analyse unumgänglich, um zu klären, ob wegen eines Wandels der Verhältnisse nicht eine bestimmte Rechtsnorm oder eine dogmatische Fixierung oder auch Grundannahmen der Verfassungstheorie obsolet geworden sind.

Auch der Verfassung selbst können solche Erörterungen gelten. So wird herkömmlicherweise der Staat als Bezugsorganisation einer Verfassung gesehen. In dem Maße, in dem gesellschaftsweit verbindliche Entscheidungen institutionell auch anderen Organisationen übertragen worden sind – man kann hier von nichtstaatlichen

---

als Hauptthema Webers siehe etwa *W. Schluchter*, Rationalismus der Weltbeherrschung, 1980; zur Akzentverschiebung in der Deutung von Max Weber auf die Frage der Orientierung des Einzelnen in der entzauberten Welt, auf den Habitus, auf den Selbstzwang des modernen Menschen siehe *W. Hennis*, Max Webers Fragestellung, 1987.

[164] So z. B. im Strafrecht die analoge Anwendung von § 16 StGB auf die Figur des Erlaubnistatbestandsirrtums durch die Rechtsprechung mangels einschlägiger gesetzlicher Regelung, vgl. BGHSt 3, 105 ff.; ebenso die Bemühungen der Literatur um eine Änderung von § 20 StGB zur Erfassung der alic., z. B. *D. Schweinberger*, Actio libera in causa, JuS 2006, 507 ff.

politischen Systemen sprechen, ich denke insbesondere an die Europäische Union –, in dem Maße stellt sich die Frage, ob der Staatsbezug wirklich notwendig ist, um von einer Verfassung zu sprechen, oder ob nicht der Staat nur eine in einer bestimmten historischen Formation entstandene besondere Erscheinungsform eines politischen Systems war; mit dem Auftreten weiterer politischer Systeme nichtstaatlicher Art ist zu klären, ob diese auch Gegenstand verfassungsrechtlicher Regelungen, jedenfalls in funktioneller Betrachtung, werden können.[165]

Die Rekonstruktion einer (tatsächlich bestehenden oder auch nur wahrgenommenen) gesellschaftlichen Problemlage als Ausgangspunkt rechtlicher Konstruktionen ist sicher eine eigene Aufgabe der Rechtswissenschaft, in dem Maße, in dem das Problem aber im gesellschaftlichen Bereich angesiedelt ist, empfiehlt es sich, die Soziologie

---

[165] Zum Verzicht auf den konstitutiven Staatsbezug für die Verfassungsidee und zur Umstellung auf ein effektives System politischer Herrschaft als Bezugspunkt in der Verfassung siehe etwa *M. Morlok*, Möglichkeiten und Grenzen einer europäischen Verfassungstheorie, in: R. Lhotta / J. Oebbecke / W. Reh (Hrsg.), Deutsche und Europäische Verfassungsgeschichte: Sozial- und Rechtwissenschaftliche Zugänge, 1997, S. 113 (114 ff.); *ders. / L. Michael*, Staatsorganisationsrecht, 2013, S. 27 ff.; für die Beibehaltung des Staatsbezugs für den Verfassungsbegriff etwa *D. Grimm*, JZ 1995, 581 (584 ff.); *ders.*, Braucht Europa eine Verfassung?, in: ders. (Hrsg.), Die Verfassung der Politik, 2001, S. 215 ff.; für die Anwendung des Verfassungsgedankens auf Europa *J. Habermas*, Zur Verfassung Europas, 2011, S. 39 ff., wie hier sieht „Herrschaft“ als Bezugspunkt des Verfassungskonzepts *Ch. Waldhoff*, Verfassungsgeschichte und Theorie der Verfassung, in: O. Depenheuer / C. Grabenwarter (Hrsg.), Verfassungstheorie, 2010, S. 119 (146 ff.); zur Ausweitung des überkommenen Gegenstandes der Verfassung *J. Isensee*, Die Staatlichkeit der Verfassung, in: O. Depenheuer / C. Grabenwarter (Hrsg.), Verfassungstheorie, 2010, S. 198 (bes. S. 362 ff.).

zur Unterstützung heranzuziehen. Während die Rekonstruktion der rechtsinternen Problemlage eines Sache der Dogmengeschichte ist, so könnte man bei dieser Anreicherung um gesellschaftliche Bezüge von einer soziologisch informierten Dogmengeschichte sprechen.

dd) Wirklichkeitsorientierung von Rechtswissenschaft und Rechtspraxis

Als Hauptnenner der Verfassungssoziologie wie der Rechtssoziologie für Juristen überhaupt kann man die *Wirklichkeitsorientierung* von Rechtswissenschaft und Rechtspraxis nennen. Es geht um ein adäquates Verfassungsrecht mit angemessener Dogmatik,[166] wobei die Angemessenheit der rechtlichen Instrumente vor allen Dingen um der Gerechtigkeit, aber auch um der Wirksamkeit des Verfassungsrechts Willen gepflegt werden sollte.[167]

Die Verfolgung beider Ziele, der Gerechtigkeit wie der Effektivität des (Verfassungs)Rechts sind beide Perspektiven heranzuziehen, die rechtssysteminterne wie die rechtssystemexterne (dazu oben II 1 c)). Interne Anpassungsleistungen sind unter rechtssysteminternen Vorzeichen zu entwickeln, auch der Maßstab der „Wirksamkeit" ist rechtsnormativ geprägt; diese Binnenorientierung

---

[166] Dazu etwa B. Pieroth (Hrsg.), Verfassungsrecht und soziale Wirklichkeit in Wechselwirkung, 2000.

[167] Diese mehrfache Zielsetzung des Rechts wurde und wird immer wieder formuliert, siehe hier nur *G. Radbruch*, Rechtsphilosophie, Studienausgabe, 2. Aufl. 2003, S. 73 ff., wonach die Rechtsidee die Elemente der Gerechtigkeit und der Zweckmäßigkeit und daneben der Rechtssicherheit kenne. Neben die klassische Antinomie zwischen Gerechtigkeit und Rechtssicherheit tritt also auch die Wirksamkeit der rechtlichen Regelungen.

ist, systemtheoretisch gesprochen, Ausdruck der Selbstrefenzialität des Rechts. Die Ermittlung der tatsächlichen Effekte des Verfassungsrechts und die Erforschung seiner Wirksamkeitsbedingungen kann und muss dagegen extern soziologisch geleitet sein.

2. *Spezifisch Verfassungssoziologisches*

All dies ist, wie gesagt, nichts, was für die Verfassungsrechtswissenschaft und ihre soziologische Unterstützung eigentümlich wäre. Wenn man die Propria einer Soziologie der Verfassung hervorheben will, so sollte man das Augenmerk eben gerade auf die Entstehungsvoraussetzungen, die Funktionsbedingungen und eben die Leistungen einer Verfassung richten. Hier gibt es besonders im Historischen wohl entwickelte Darstellungen, wie die Bedürfnisse einer wirtschaftenden bürgerlichen Gesellschaft gegen willkürliche Eingriffe monarchisch bestimmter Obrigkeit gerade durch eine Verfassung abgewehrt werden sollten.[168] Aber auch was die Gegenwart angeht, so hat in meinen Augen das Verständnis der Verfassung als einer Selbstbeschränkung des politischen Systems erhebliche Plausibilität, eine Beschränkung der politischen Macht, die zugleich über deren Spezifität zu einer Ausweitung politischen Machteinsatzes und dessen Berechenbarkeit und Limitierung führt.

Eine höchst spannende Frage von wissenschaftlichem Reiz wie praktischer Bedeutung ist, ob sich dieser Modus

---

[168] Dazu etwa *D. Grimm*, Die Grundrechte im Entstehungszusammenhang der bürgerlichen Gesellschaft, in: ders., Die Zukunft der Verfassung, 1991, S. 67 ff.; *ders.*, Entstehungs- und Wirkungsbedingungen des modernen Konstitutionalismus, a. a. O. 31 (38 ff.).

der Selbstbeschränkung, den wir Verfassung nennen, wie oben (IV 2) angesprochen, über den Nationalstaat hinaus ausweiten lässt, insbesondere auch in der Form, wonach die Selbstbeschränkung des politischen Systems eine Entsprechung in einer Selbstbeschränkung anderer ausdifferenzierter Funktionszusammenhänge finden muss. Ob diese von innen heraus stattfindende Rücksichtnahme auf die je anderen Funktionssysteme hinreichend beschränkende Kraft entfalten kann, erscheint mir durchaus zweifelhaft, der Einsatz zentraler politischer Macht auch gegenüber den anderen Teilsystemen kommt mir jedenfalls bis jetzt vielversprechender vor.

Eine Soziologie der Verfassung hat sich aber nicht nur um Ermöglichungsbedingungen und Wirkungen einer Verfassung im Pauschalen zu kümmern, sondern kann sich um einzelne verfassungsrechtliche Gewährleistungen kümmern. Die Einsicht in deren gesellschaftliche Bedeutung ist geeignet, die dogmatische Aufbereitung dieser Verfassungsnormen zu unterstützen durch ihre gesellschaftliche Bedeutung. Ich darf als Beispiel wählen die Sicherung der Chancengleichheit in der Demokratie (dazu oben IV 4).

Eine Soziologie der Verfassung will also die Verfassung insgesamt wie einzelne ihrer Elemente in den Wirkzusammenhang der Gesellschaft stellen.

Diese vielfältige soziale Kontextuierung der Verfassung in der Gesellschaft kann die Rechtswissenschaft, schon gar nicht in allen Aspekten, nicht immer und überall vornehmen. Die Institutionen des Rechts unter Einschluss der Rechtswissenschaft haben sich deswegen spezialisiert und differenziert. Um ihrer Entscheidungsfähigkeit willen muss wohl die Praxis der Rechtswissenschaft, so auch des

Verfassungsrechts, eine Begrenzung ihrer soziologischen Sensibilität vornehmen. Voraussetzungen von verfassungsrechtlichen Normen ebenso wie die Auswirkungen bestimmter Interpretationen und darauf gestützter Entscheidungen können nur in beschränktem Umfang von ihr berücksichtigt werden. Von daher hat sich auch eine dogmatische Rechtswissenschaft gegenüber den Grundlagendisziplinen der Rechtswissenschaft ausdifferenziert. Mein Plädoyer für die Verfassungssoziologie darf nicht dahin missverstanden werden, dass diese interne Arbeitsteilung in der Rechtswissenschaft ebenso wie zwischen Rechtswissenschaft und Rechtspraxis aufgehoben werde.[169] Beide sind notwendig zur Erfüllung der gesellschaftlichen Funktionen des Verfassungsrechts, die Praxis wie die dogmatische Rechtswissenschaft bedarf aber einer Reflexionsebene, in der die gesellschaftlichen Verwurzelungen und Konsequenzen verfassungsorientierten, gerade auch institutionellen Handelns sichtbar werden und Konsequenzen haben können für die Interpretation und die darauf gestützte Entscheidungspraxis.

Diese Reflexionsebene ist die Verfassungstheorie.[170] Sie ist der Wissenschaft zuzuordnen, hat aber eben die Refle-

---

[169] Ebenso das „gewaltengegliederte Konzept von Verfassungsrechtswissenschaft" bei *M. Jestaedt*, Die Verfassung hinter der Verfassung, 2009, S. 24 ff.

[170] Zum Gegenstand und Aufgabe der Verfassungstheorie *M. Morlok*, Was heißt und zu welchem Ende studiert man Verfassungstheorie, 1988; *M. Jestaedt*, Die Verfassung hinter der Verfassung, 2009; O. Depenheuer/C. Grabenwarter (Hrsg.), Verfassungstheorie, dort insbesondere *M. Jestaedt*, Verfassungstheorie als Disziplin, S. 1 ff.; siehe etwa die Kennzeichnung als „unselbständige Brückendisziplin": „Gemessen an den sonstigen Grundlagendisziplinen ist der Verfassungstheorie relative Unselbständigkeit zu attestieren, dienen ihre

xion der verfassungsrechtlichen Praxis – vermittelt durch die dogmatische Verfassungsrechtswissenschaft – zum Gegenstand. Der Fluchtpunkt der (rechtswissenschaftlichen) Verfassungssoziologie bleibt die Verfassungstheorie.

Erkenntnisse doch vorzugsweise dazu, in fremddisziplinären Kontexten – allen voran: in verfassungsdogmatischen Kontexten – verwertet zu werden. Der Verfassungstheorie kommt dabei regelmäßig die Funktion einer Brückendisziplin zu, mit deren Hilfe die Konzepte und Theoreme verfassungsbezogener Nachbarwissenschaft für den verfassungsdogmatischen Diskurs aufbereitet und allererst zugänglich gemacht werden", S. 33.

Kommentar*

von *Indra Spiecker genannt Döhmann*

I. Einführung

Die Veranstalter haben uns ein anspruchsvolles Thema zugedacht, und die Ausführungen von *Martin Morlok* zeigen, wie breit dieses Thema aufgearbeitet werden kann.

Zu Beginn der Befassung mit einem solchen Thema, und für die Rechtswissenschaft möglicherweise elementar, sind die Methodenfragen der Verbindung zweier Fächer in ihren zentralen Bezugsgegenständen: Kann es eine eigenständige Soziologie der „Verfassung" eigentlich geben? Ist die „Verfassung" so eigenständig und unabhängig von anderen Rechtsinstituten, dass eine eigene Soziologie gerechtfertigt werden kann, impliziert dies doch, dass allgemeine Standards einer allgemeinen Soziologie, die sich mit Recht befasst, womöglich nicht gelten oder nur abgewandelt gelten?

Und schon die methodischen Vorfragen dazu sind herausfordernd: Was ist eigentlich Soziologie heute für das Recht? In welchem Verhältnis stehen Rechtswissenschaft und Soziologie? Was leistet eine Rechtssoziologie, und was kann sie überhaupt (noch) leisten unter den Bedingungen

---

* Dank geht an meinen Mitarbeiter *Jörg Wünschel* für Hilfestellung bei der Druckfassung und ergänzende Recherche und Herrn Victor Limberger für seine Hilfe bei der Fertigstellung des Manuskripts.

von Rechtsstaat, Entgrenzung und Internet? Wie lassen sich empirische Befunde der Soziologie in das normative Konzept der Rechtswissenschaft integrieren? Was kann die Soziologie über die Empirie hinaus der Rechtswissenschaft anbieten?

Solche Überlegungen sind stets Teil der Rechtssoziologie seit ihren großen Anfängen unter *Weber* und *Durkheim* gewesen. Daher gilt es immer wieder neu zu überprüfen, inwieweit diese und weitere zentrale Fragen in einer Weiterentwicklung der Soziologie des Rechts anders oder gar neu beantwortet werden müssen. Die Antwort kann je nach Fragestellung verschieden ausfallen, welche ein Soziologe, der sich mit Recht als Untersuchungsgegenstand befasst, möglicherweise anders formulieren wird als ein Jurist. Und auch die internationale Perspektive ergänzt: Sind die im anglo-amerikanischen Rechtsraum verbreiteten „critical legal studies"[1] oder Überlegungen zu „law and society"[2] anschlussfähig an das kontinentaleuro-

[1] Vgl. bspw. die grundlegenden Werke von *Duncan Kennedy*, A Critique of Adjudication [fin de siècle], 1997; *ders.*, Freedom and Constraint in Adjudication: A Critical Phenomenology, Journal of Legal Education 36 (1986), S. 518 ff.; *ders.*, Form and Substance in Private Law Adjudication, Harvard Law Review 89 (1976), S. 1685 ff.; *Jack Balkin*, Critical Legal Theory Today, in: Francis J. Mootz III (Hrsg.), On Philosophy in American Law, 2011, S. 64 ff.; *Roberto Unger*, The Critical Legal Studies Movement, 1983; s. zudem die Nachweise bei *Mark Kelman*, A Guide to Critical Legal Studies, 1987, und bei James Boyle (Hrsg.), Critical Legal Studies, 1992, sowie die ausführliche Bibliographie von *Duncan Kennedy/Karl Klare*, A Bibliography of Critical Legal Studies, Yale Law Journal 94 (1984), S. 461 ff., und kritisch *Andrew Altman*, Critical Legal Studies: A Liberal Critique, Princeton, 1990.

[2] Vgl. etwa grundlegend *Stewart Macaulay*, Non contractual Relations in Business. A Preliminary Study, American Sociological Review 55 (1963), S. 28 ff.; *Marc Galanter*, Why the „Haves" Come Out Ahead: Speculations on the Limits of Legal Change, Law and Society

päische Verständnis von Rechtssoziologie; was können wir von ihnen lernen; was wollen wir von ihnen lernen? Inwieweit ist eine Soziologie der Verfassung überhaupt von einer objektivierenden Metaebene her denkbar; sind nicht stets, wie *Gephart* in seinen Überlegungen zum Verfassungsuniversalismus[3] andenkt, der kulturelle Kontext, die nationalhistorische Perspektive zu berücksichtigen?

Aber auch eine Konkretisierung des Themas öffnet weite Fragenkomplexe: Was ist „die Verfassung", die in einer Verfassungssoziologie Gegenstand ist? Lässt sich, etwa entlang der jüngeren Überlegungen von *Teubner*, der Begriff auf jegliche Form der Selbstbeschränkung von Macht ausdehnen,[4] oder betrachtet eine Soziologie der Verfassung vor allem die staatliche Selbstbeschränkung im traditionellen Sinne?

Und schließlich eröffnet sich ein fast grenzenloses Themenfeld, wenn man Einzelfragen der Soziologie auf die

---

Review 95 (1974), S. 9 ff.; *Bryant Garth/Joyce Sterling*, From Legal Realism to Law and Society: Reshaping Law for the last Stages of the Social Activist State, Law and Society Review 32 (1998), S. 409 ff., sowie den Überblick von *David Trubek*, Back to the Future: The Short Happy Life of the Law and Society Movement, Florida State University Law Review 18 (1990), S. 4 ff., *Lee E. Teitelbaum*, An Overview of Law and Social Research, Journal of Legal Education 35 (1985), S. 465 ff.; *Donald J. Black*, The Boundaries of Legal Sociology, Yale Law Journal 81 (1972), S. 1086 ff., sowie die Verweise bei Stewart Macaulay/Lawrence Friedman/John Stookey (Hrsg.), Law and Society. Readings on the Social Study of Law, 1995, sowie *Lawrence Friedman/Stewart Macaulay*, Law and the Behavioral Sciences, 1969.

[3] Beispielhaft dazu etwa *Werner Gephart*, Verfassungsuniversalismus, in: Jan-Christoph Marschelke/Klaus P. Hansen (Hrsg.), Recht, Kultur und Normativität, i. E. 2014, S. 4; *Indra Spiecker gen. Döhmann*, Recht und Verhaltenssteuerung, ebenda.

[4] Siehe *Günther Teubner*, Verfassungsfragmente, 2012, S. 15, 36, 50.

Verfassung wendet.[5] Dies geht weiter als eine Soziologie der Verfassungsinstitutionen.[6] Man kann (und sollte) an den Akteuren ansetzen, an die eine Verfassung gerichtet ist. Man kann aber auch diejenigen betrachten, die eine Verfassung und ihre Umsetzung formulieren – und das bedeutet in der Bundesrepublik und der EU vor allem: diejenigen, die eine Verfassung ändern und diejenigen, die Gesetze machen.[7] Ebenso gut aber, und möglicherweise mindestens ebenso bedeutsam, könnte eine Soziologie der professionellen Verfassungsinterpreten sein, und zwar über die Entscheidungsfindung an den Verfassungsgerichten hinaus. Schon vor geraumer Zeit etwa hat *Bryde* Bedarf an einer allgemeinen „Juristensoziologie“[8] angemeldet; im US-amerikanischen Verfassungsverständnis sind Darstellungen der Verfassungsrichter und die sozio-historischen Entwicklungen der höchstrichterlichen Rechtsprechung Allgemeingut.[9] Indes, *Martin Morlok* hat darauf verwiesen,[10] ist die enge Anbindung von Rechts-

[5] Vgl. *Helmut Schulze-Fielitz*, Gesetzgebungslehre als Soziologie der Gesetzgebung in: Horst Dreier (Hrsg.), Rechtssoziologie am Ende des 20. Jahrhunderts, 2000, S 161: Rechtssoziologie kann stets nur einzelne Faktoren herausgreifen, aber nicht die Gesamtheit analysieren.

[6] Vgl. *Martin Morlok*, unter I. 2. a). Bezeichnenderweise thematisiert *Manfred Rehbinder*, Rechtssoziologie, 7. Aufl. 2009, lediglich die „Soziologie der Gesetzgebung“, nicht aber „der Verfassung“.

[7] *Helmut Schulze-Fielitz* konzentriert sich daher auf eine Gesetzgebungssoziologie, in: Dreier (Hrsg.), Rechtssoziologie (Fn. 5), S. 156 ff.

[8] *Brun-Otto Bryde*, Juristensoziologie, in: Dreier (Hrsg.), Rechtssoziologie (Fn. 6), S. 137, 139; siehe auch *Susanne Baer*, Rechtssoziologie, 2011, § 5: „Der Rechtsstab“: Regulierungsakteure.

[9] Siehe etwa *Howard Zinn*, A People's History of the United States, 2010, S. 204 f., 645, 677; S. 204 f., 260 f., 450 f., 476 f., 498.

[10] *Martin Morlok*, in diesem Band, unter III. 3. e).

theorie/-wissenschaften an die Rechtsanwendung, wie sie typisch für den deutschen Rechtskreis ist, in anderen Rechtskreisen gerade nicht üblich, so dass auch hierüber Auswirkungen auf das jeweilige Verfassungsverständnis zu erwarten sind.

Martin Morlok hat in seinem Beitrag eine Reihe dieser und weiterer Fragen bereits ausgeführt und zum Teil auch eine Annäherung oder sogar Beantwortung vorgenommen. Zu seinen vielfältigen Überlegungen insgesamt Stellung zu nehmen, wäre im Rahmen dieses Kommentars nicht möglich. Daher beschränkt sich dieser Beitrag auf einige wenige ausgewählte Bereiche, denen aus meiner Sicht in einer Soziologie der Verfassung besonderes Gewicht beizumessen ist, und ergänzt seine Ausführungen insoweit.

II. Soziologie des Rechts als Öffnungstor für die Interdisziplinarität der Rechtswissenschaft

Zu Beginn steht eine kurze Beschreibung des Status Quo der Rechtssoziologie insgesamt, fangen doch Überlegungen zu einer Soziologie der Verfassung zwangsläufig mit Überlegungen zu einer Soziologie des Rechts überhaupt an. Bereits eine Vielzahl von Autoren[11] hat, wie *Martin*

---

[11] *Rehbinder*, Rechtssoziologie (Fn. 6), Rdnr. 2ff.; *Schulze-Fielitz*, in: Dreier (Hrsg.), Rechtssoziologie (Fn. 5), S. 159; s. zudem die Beiträge in Christoph Engel/Wolfgang Schön (Hrsg.), Das Proprium der Rechtswissenschaft, 2007; s. a. *Martin Schulte*, Eine soziologische Theorie des Rechts, 2011, S. 136ff., 138, 164ff.; *Manfred Rehbinder*, Erkenntnistheoretisches zum Verhältnis von Rechtssoziologie und Rechtsgeschichte, in: Martin Killias/ders. (Hrsg.), Rechtsgeschichte

Morlok auch, darauf verwiesen, dass eine Abgrenzung der Rechtssoziologie von weiteren Querschnittsfächern mit Rechtsbezug wie Politologie, Geschichte, Verwaltungswissenschaft, Rechtstheorie und Rechtsphilosophie bis hin zu Teilen der Verhaltenswissenschaften wie Ökonomie und Psychologie kaum zu treffen ist. Man kann also die Rechtssoziologie durchaus als den Überbegriff für interdisziplinäre Ansätze fassen,[12] die sich mit den Funktions- und Wirkungsbedingungen des Rechts befassen – und damit den Begriff der Rechtssoziologie in Konkurrenz zu dem derzeit wohl häufiger verwandten Begriff der Rechtstheorie setzen. So verstanden hätte die Rechtssoziologie wesentlichen Anteil am Aufschwung interdisziplinär betriebener Rechtswissenschaft in den letzten Jahren[13]. Allerdings werden die Fragestellungen von Go-

---

und Rechtssoziologie, 1985, S. 133 ff.; *Tobias Herbst*, Über das Verhältnis zwischen Rechtsphilosophie und Rechtssoziologie, Humboldt Forum Recht 2012, S. 135 ff., 148; vgl. aus der Sicht eines Soziologen auch die Einführung von *Niklas Luhmann*, Rechtssoziologie, 4. Aufl., 2008, S. 1 ff.

[12] Vgl. auch *Martin Morlok*, in diesem Band, unter II. 3 oder auch III. 2.

[13] Siehe nur bspw. *Anne van Aaken*, Rational Choice in der Rechtswissenschaft, 2003; *Horst Eidenmüller*, Effizienz als Rechtsprinzip, 1995; *Alexander Morell*, (Behavioral) Law and Economics im europäischen Wettbewerbsrecht, 2011; aus dem Bereich des Verwaltungsrechts etwa *Gunnar Folke Schuppert*, Institutional Choice im öffentlichen Sektor, in: Dieter Grimm (Hrsg.), Staatsaufgaben, 1994, S. 647 ff. und speziell S. 667 ff., *ders.*, Verwaltungswissenschaft, 2000, S. 551 ff.; s. a. die Beiträge in Gunnar Folke Schuppert (Hrsg.), Governance-Forschung, 2. Aufl., 2006, allerdings auch kritisch darin *Wolfgang Hoffmann-Riem*, Governance im Gewährleistungsstaat, S. 195 ff., und grundsätzlich seine Beiträge zur Öffnung der Rechtswissenschaft, abgedruckt in: ders. (Hrsg.), Offene Rechtswissenschaft, 2010, S. 3 ff., 35 ff., 95 ff., 111 ff., 131 ff., sowie in demselben Band die

vernance und Steuerung, von Verhaltensannahmen und Wirkungsbedingungen rechtlicher Regelungen, von ihren Funktionszusammenhängen und außerrechtlichen Voraussetzungen kaum einmal unter dem Schlagwort einer „Rechtssoziologie" geführt.[14]

Als mögliche Ursachen lassen sich viele benennen, zwei sollen besonders herausgegriffen sein.

Die eine Ursache lässt sich wohl darin finden, dass eine Rechtssoziologie, wie sie insbesondere in den 1970er-Jahren mit Praxisbezug vorgestellt worden ist, an ihre Grenzen gestoßen ist. Zwar ist der Aufwand einer belastbaren Begleitforschung gesetzgeberischer – und für die Zwecke des Grundlagenkreises: auch verfassungsgesetzgeberischer – Tätigkeit im Zuge von Programmen wie Gesetzesfolgenabschätzung[15] teilweise betrieben worden. Ähn-

---

Handlungsanweisung von *Andreas Voßkuhle*, Wie betreibt man offen(e) Rechtswissenschaft?, S. 153 ff.; *Ivo Appel* und *Martin Eifert*, Das Verwaltungsrecht zwischen traditionellem dogmatischen Verständnis und dem Anspruch einer Steuerungswissenschaft, VVDStRL 67 (2008), S. 226 ff. und S. 286 ff.; Christoph Engel / Markus Englerth / Jörn Lüdemann / Indra Spiecker gen. Döhmann (Hrsg.), Recht und Verhalten, 2006, und sodann die Lehrbücher etwa von *Hans-Bernd Schäfer / Claus Ott*, Lehrbuch der ökonomischen Analyse des Zivilrechts, 5. Aufl., 2012, oder *Emanuel V. Towfigh / Niels Petersen*, Ökonomische Methoden im Recht, 2010, oder die Schriftenreihe „Interdisziplinäre Studien zu Recht und Staat".

[14] Selbst wenn dies doch einmal der Fall ist, etwa im Lehrbuch von *Baer*, Rechtssoziologie (Fn. 8), geschieht dies bezeichnenderweise mit dem Untertitel „Eine Einführung in die interdisziplinäre Rechtsforschung".

[15] Siehe z. B. *Carl Böhret / Götz Konzendorf*, Handbuch Gesetzesfolgenabschätzung (GFA), 2001; *Ingo Unkelbach*, Die Institutionalisierung der Gesetzesfolgenabschätzung auf Landesebene, 1998; *Hellmut Wagner*, § 6: Gesetzesfolgenabschätzung und Forschungsregulierung, in: ders. (Hrsg.), Rechtliche Rahmenbedingungen für

lich wie der Befund über die zu erwartenden Kosten eines Gesetzgebungsvorhabens (nämlich regelmäßig: „keine") hat aber auch diese neuere Verbindung von Theorie und Praxis nur begrenzten Einfluss auf die tatsächliche Ausgestaltung von Gesetzen gewinnen können. Die Ergebnisse dieser Forschung sind oftmals wenig praktikabel und wenig berücksichtigungsfähig im politischen Diskurs; für die Aushandlungsprozesse auf der legislativen Ebene waren und sind sie nur begrenzt geeignet. Die Differenz von Theorie und Macht zeigt sich eben auch hier. Die – strukturell bedingte und daher unauflösbare – praktische Begrenztheit und politische Ineffektivität dieser Forschung mag daher bedauerlicherweise durchgeschlagen haben auf die Wertschätzung für das Fach und seine theoretischen Leistungen insgesamt.

Dabei kann ein möglicher Wert von Rechtssoziologie durchaus sein, dass sie empirisches Wissen bereitstellen kann, das über Alltagswissen oder Küchenphilosophie hinausgeht.[16] Dieses Wissen kann, etwa durch die Er- und Vermittlung statistischen Wissens, Fehlannahmen des Verfassungsgesetzgebers und der Verfassungsinterpreten offenbaren.[17] Damit wird aber gleichzeitig auch die

---

Wissenschaft und Forschung; Band 1: Freiheit von Wissenschaft und Forschung, 2000, S. 109 ff.

[16] So auch *Martin Morlok*, in diesem Band unter III. 1.

[17] Siehe nur *Niels Petersen*, Braucht die Rechtswissenschaft eine empirische Wende?, Der Staat (2010), S. 435, 442 ff. und 449 f.; *Andreas Glöckner/Emanuel Towfigh*, JZ 2010, S. 1027 ff.; s. a. die empirischen Ausführungen des Bundesverfassungsgerichts beim Apothekenurteil bzgl. der Verteilung von Apotheken und die Versorgung der Bevölkerung mit Arzneimitteln, BVerfGE 7, 377; sodann die Aufforderung des Bundesverfassungsgerichts an den Gesetzgeber in BVerfGE 50, 290 ff., dass jener die Ergebnisse einer nun anzustel-

Grenze einer solchen Rechtssoziologie deutlich.[18] Empirisches Wissen kann oftmals nur experimentell oder in Interviews vorbereitet werden; Experimente sind höchst aufwendig und ihre Übertragbarkeit auf die Wirklichkeit inhärent begrenzt. Die Experimenten zwangsläufig innewohnenden Annahmen lassen sich in einer multikausalen, von vielfachen Unsicherheiten geprägten Weltwirklichkeit nicht zwangsläufig sicherstellen; die Aussagekraft von Interviews ist gleichfalls von erheblichen Unsicherheiten geprägt, nicht zuletzt durch die Eigeninteressen der Befragten und der Befrager. Und im Vorfeld einer Regelung ist belastbares Wissen mit empirischen Methoden ohnehin kaum so herstellbar,[19] dass auf die politischen Flexibilitäten mit vergleichbarer theoretischer und empirischer Flexibilität reagiert werden könnte. Daher ist mit besonderem Augenmerk und besonderer Vorsicht an den Reiz der Einbindung empirischer Aussagen durch die Rechtssoziologie heranzugehen. Allenfalls kann sie wegen der Fülle der gesellschaftlichen Teilbereiche Tendenzaussagen liefern,[20] in gut abgegrenzten Bereichen auch einmal verlässliche Einzelaussagen bereitstellen. Damit aber bleibt

---

lenden sozialwissenschaftlichen Prognoseforschung einem neuen Gesetz zugrunde legen solle, und die Berücksichtigung sozialwissenschaftlicher Erkenntnisse bei der Ermittlung der Resozialisierungschance eines Straftäters, BVerfGE 35, 202 (Lebach).

[18] Siehe auch schon zu den Grenzen einer empirischen Rechtssoziologie, allerdings mit anderer Stoßrichtung *Rehbinder*, Rechtssoziologie (Fn. 6), Rdnr. 6 f.

[19] Vgl. nur die Field Studies von *Elinor Ostrom,* Collective Action and the Tragedy of the Commons, 1977, zur Allmende, deren Theoretisierung bis heute nicht abgeschlossen ist.

[20] Vgl. *Schulze-Fielitz*, in: Dreier (Hrsg.), Rechtssoziologie (Fn. 5), S. 173.

sie grundsätzlich für die ergebnisorientierte Ministerialverwaltung wenig ertragreich.

Das könnte anders sein, wenn starke Monitoringpflichten einer Ex-Post-Analyse[21] mehr Bedeutung zuwiesen als gegenwärtig gegeben. Ob die Beobachtungspflicht des Gesetzgebers[22] als prinzipiell geöffnetes Einfallstor für empirische und soziologische Befunde ausreichend weitreichende Anreize zum Durchtritt enthält, darf indes bezweifelt werden. Auch hierfür wäre eine methodische Grundierung von Bedeutung, die eine systematische Herangehensweise eröffnete.

Die andere, und von dem gerade formulierten Befund möglicherweise ihrerseits nicht ganz loslösbare, Ursache für den geringen Aufmerksamkeitswert der Rechtssoziologie mag darin liegen, dass die vor allem unter dem Schlagwort der „Steuerungswissenschaft" verorteten Analysen und Handreichungen sich primär mit dem Verwaltungsrecht befasst haben und befassen.[23] Diese sind

---

[21] Darin sieht auch *Klaus F. Röhl*, Zur Bedeutung der Rechtssoziologie für das Zivilrecht, in: Dreier (Hrsg.), Rechtssoziologie (Fn. 5), S 39, 57 f., wichtige Leistungen der Rechtssoziologie.

[22] Dazu etwa die st. Rspr. des BVerfG, bspw. E 16, 147, 181 ff., 188; E 18, 315, 332; E 65, 1, 55 f.; E 97, 271, 294 f.; E 107, 150 ff., 4. LS.; E 110, 141, 158; E 123, 186, 266; sowie aus der Literatur z. B. *Claudio Franzius*, Modalitäten und Wirkungsfaktoren der Steuerung durch Recht, in: Wolfgang Hoffmann-Riem / Eberhard Schmidt-Aßmann / Andreas Voßkuhle (Hrsg.), Grundlagen des Verwaltungsrechts, Bd. 1, 2. Aufl., 2012, § 4 Rn. 90 ff., und *Stefan Huster*, Die Beobachtungspflicht des Gesetzgebers, ZfRSoz (2003), S. 3 ff.

[23] Die Überlegung von *Röhl*, in: Dreier (Hrsg.), Rechtssoziologie (Fn. 5), S. 39, Rechtssoziologie sei primär auf den Staat bezogen und somit für das Zivilrecht ohne große Bedeutung, verkennt gerade die Dimension der Wirkungsbedingungen, die für privatrechtliche Normen mindestens ebenso gilt.

daher zweifach in ihrer eigenen Wirkungsmacht eingeengt. Dies allerdings macht gleichzeitig die Stärke dieser Herangehensweise aus, wie zu betonen ist. Man könnte das als ihre kulturelle Einbettung begreifen.

Zum einen sind die Befunde der Steuerungswissenschaften im Wesentlichen nationale Befunde und somit international wenig vermittelbar – allerdings damit in hohem Maße ausgerichtet auf die deutsche Rechtswissenschaft und Rechtsanwendung. Rechtssoziologie wird aber weitgehend als internationales Fach betrieben,[24] auch von deutschen Autoren.[25] Die Steuerungswissenschaft hat hingegen kaum internationalen Geltungsanspruch erhoben, etwa indem diese Konzepte mit Nachdruck in den europäischen Diskurs eingebracht wurden, gerade auch nicht unter Zu-Hilfenahme der Machtstellung der Politik.[26] Ihre Konzentration auf die Übertragung von Theoriekonzepten in den deutschen Rechtraum hat so einerseits ihre Durchschlagskraft eben hier erhöht, andererseits aber ihre Rezeption im wissenschaftlichen Kontext, der international ausgerichtet ist, beschränkt. Gleichzeitig führt dies in den sozialwissenschaftlichen Fächern dazu, dass nationale Besonderheiten kaum wissenschaftliche Aufmerksamkeit erhalten; so würde man sich etwa wünschen, dass der Bedeutung der Gemeinden als Rückgrat deutscher Verwal-

---

[24] Dies hat – wie auch für die Nachbarwissenschaften der Politologie, der Ökonomie und der Verhaltenswissenschaften – durchaus erhebliche Nachteile für die Themenauswahl, -vielfalt und -bedeutung.

[25] Siehe nur *Teubner*, Verfassungsfragmente (Fn. 4), S. 72 ff.

[26] Dass auch dabei kulturelle Barrieren zu überwinden sind, ist eine Selbstverständlichkeit, die hier nicht näher ausgeführt werden muss. Für die Übertragung der Verfassungsidee auf asiatische und orientalische Staaten etwa *Gephart*, Verfassungsuniversalismus (Fn. 3), S. 10 f.

tungstätigkeit systematisch auch unter steuerungstheoretischer Analyse untersucht würde – auch wenn damit im Peer Review System kein Staat zu machen ist.

Zum anderen hat sich die Steuerungswissenschaft eine Vielzahl verschiedener, vor allem theoretischer Angebote zu Eigen gemacht, um konkrete Problemstellungen einer Lösung zuzuführen. Ausgangspunkt waren zwar Befunde auf der politologisch-soziologischen Ebene, nämlich die Studien zu Vollzugsdefiziten bei umweltrechtlichen Normen.[27] Hierzu liegen umfangreiche theoretische und z. T. auch praktisch-empirische Überlegungen vor, wie rechtliche Instrumente, gerade auch im Vergleich mit anderen Instrumenten der Politik, wirken. Die Überschneidungen mit der Politologie und klassischen Soziologie sind offenkundig; indes ist zur Lösung der Steuerungsproblematik speziell auf Konzepte der Ökonomie und in jüngerer Zeit der Verhaltenswissenschaften insgesamt zurückgegriffen worden.[28] Eine Ursache davon mag sein, dass diese Adressat und Akteure verstärkt in den Mittelpunkt rückten und somit insbesondere Verhaltensannahmen mit Wirklichkeitsbezug bedeutungsvoll wurden. Die Wenn-Dann-

---

[27] Siehe Renate Mayntz/Hans-Ulrich Derlien/Eberhard Bohne/Beate Hesse/Jochen Hucke/Axel Müller (Hrsg.), Vollzugsprobleme der Umweltpolitik, 1978; *Gertrude Lübbe-Wolff*, Modernisierung des Umweltordnungsrechts. Vollziehbarkeit – Deregulierung – Effizienz, 1996.

[28] Dazu etwa Engel/Englerth/Lüdemann/Spiecker gen. Döhmann (Hrsg.), Recht und Verhalten (Fn. 13), s. auch die Beiträge in Fritjof Haft/Hagen Hof/Steffen Wesche (Hrsg.), Bausteine zu einer Verhaltenstheorie des Rechts, 2001, und dort insb. ab S. 21 und S. 123; s. ebenso *Schäfer/Ott*, Lehrbuch der ökonomischen Analyse (Fn. 14), und *Towfigh/Petersen*, Ökonomische Methoden im Recht (Fn. 14), oder die Beiträge in Karl Riesenhuber/Lars Klöhn (Hrsg.), Das Urhebervertragsrecht im Lichte der Verhaltensökonomie, 2010.

Beziehung von Rechtsnormen wurde einem Erwartungsrealismus unterzogen.

Interessanterweise ist gerade die Politologie ihrerseits gleichfalls in hohem Maße zunehmend akteurszentriert betrieben worden,[29] so dass die Ausrichtung der Soziologie auch im Kanon der Gesellschaftswissenschaften in ein gewisses Ungleichgewicht an Bedeutung geraten und ihre Anschlussfähigkeit an ihre traditionellen Nachbarwissenschaften ungesichert ist. Vor dem Hintergrund der stärkeren Betrachtung der Akteure ist konsequenterweise nicht primär die Soziologie zur Leitwissenschaft einer neuen Methodenoffenheit herangezogen worden; dies dürfte auch ihre Stellung insgesamt beeinflusst haben. Für die Überlegungen zu einer Soziologie der Verfassung gilt im Übrigen, dass die Instrumentenlehre der Steuerungswissenschaft bisher weitgehend auf die Ebene der Verwaltung beschränkt ist.[30] Die Verfassungsebene ist bisher nur ausnahmsweise erreicht worden.[31]

Insofern kann man eine Soziologie der Verfassung auch als eine Ausdehnung des in den Verwaltungswissenschaften geführten Diskurses um Funktions- und Wirkungsbedingungen des Rechts insgesamt begreifen. Dazu kön-

---

[29] Insofern nähern sich auch andere Sozialwissenschaften einander an, etwa *Renate Mayntz/Fritz Scharpf*, Der Ansatz des akteurszentrierten Institutionalismus, in: dies. (Hrsg.), Gesellschaftliche Selbstregelung und politische Steuerung, 1995, S. 39 ff.

[30] Siehe nur das Grundlagenwerk von Wolfgang Hoffmann-Riem / Eberhard Schmidt-Aßmann / Andreas Voßkuhle (Hrsg.), Grundlagen des Verwaltungsrechts, 2. Aufl., 2012/2013; vgl. zudem die bereits zitierten Werke von *Schuppert* (Fn. 13), und *ders.*, Governance und Rechtssetzung, 2011.

[31] Siehe z. B. *Jens Kersten*, Was kann das Verfassungsrecht vom Verwaltungsrecht lernen?, DVBl. 2011, S. 585 ff.

nen und sollten eine Reihe der Erkenntnisse, die seit geraumer Zeit für die Verwaltung ermittelt werden, und der Fragestellungen, unter denen Rechtsmechanismen betrachtet werden, auch auf das Verfassungsrecht übertragen werden. Dies gilt insbesondere dann, wenn nicht allein eine enge Wirkungsforschung von Instrumenten betrieben wird, also vorrangig Gesetz und Gesetzgeber-Funktion im Blickpunkt stehen,[32] sondern darüber hinaus auch weitere Elemente, speziell der Organisation oder überhaupt der Funktionen von Recht und Verfassungsnormen, einbezogen werden.

III. Soziologie der Verfassung

Eine aktuelle Soziologie der Verfassung wird sich also zunächst einmal mit der Bedeutung von Verfassung für und in verschiedenen Teilsystemen befassen. *Thornhill* hat eine große historisch angelegte Studie vorgelegt, welchen Veränderungen die Bedeutung von Verfassungen unterworfen war, und er hat daraus diverse Schlussfolgerungen für eine moderne Betrachtung der Bedeutung der Verfassung gezogen.[33] Eine seiner zentralen Botschaften lautet, dass die Bedeutung einer Verfassung und ihre jeweiligen Herausforderungen ständigem Wandel unterliegen. Insofern richtet sich der Blick einer Soziologie der Verfassung auf diese sich wandelnden Umstände und Einflüsse sowie deren Bedeutung für das Verfassungsverständnis. Ver-

---

[32] Dies betrachtet vor allem *Schulz-Fielitz*, in: Dreier (Hrsg.), Rechtssoziologie (Fn. 5), S. 156 ff.

[33] *Chris Thornhill*, A Sociology of Constitutions: Constitutions and State Legitimacy in historical-sociological perspective, 2011.

fassungsbedeutung und Verfassungsfunktion sind nicht immer identisch.

Nicht zwingend ist damit gesagt, dass es sich um einen evolutionären Prozess handelt, wenngleich einiges dafür spricht.[34] *Luhmann* hat beispielsweise darauf verwiesen, dass das Recht durch seine Modernität, d. h. die Leistungen seiner Positivität, selbst „überrascht" wurde,[35] macht aber gleichzeitig auch deutlich, dass „alle Unvereinbarkeit, Verletzlichkeit, Höchstwertigkeit etc. im Rechtssystem selbst" konstruiert werden müssten.[36] Die Diskussion um die gescheiterte europäische Verfassung, deren wesentliche Inhalte sich dann aber in den – gerade nicht als Verfassung bezeichneten – Verträgen zur Europäischen Union wiederfinden, könnte hier interessante Anhaltspunkte im Kontext der Supranationalität liefern.[37] Eine solche Analyse führte gleichzeitig an Überlegungen zur Bedeutung symbolischer Gesetzgebung[38] und gleichfalls möglicher

---

[34] Vgl. dazu die Überlegungen von *Gephart*, Verfassungsuniversalismus (Fn. 3), S. 7.

[35] Zitiert nach *Gephart*, Verfassungsuniversalismus (Fn. 3), S. 8.

[36] *Niklas Luhmann*, Verfassung als evolutionäre Errungenschaft, Rechtshistorisches Journal 9 (1990), S. 176 ff. (S. 186).

[37] Eindringlich *Gephart*, Verfassungsuniversalismus (Fn. 3), S. 4 ff., für die französische Rezeption des Verfassungsgedankens.

[38] Siehe z. B. *Rainer Hegenbarth*, Symbolische und instrumentelle Funktionen moderner Gesetze, Zeitschrift für Rechtspolitik 14 (1981), S. 202 ff.; *Harald Kindermann*, Symbolische Gesetzgebung, in: Dieter Grimm / Werner Maihofer (Hrsg.), Gesetzgebungstheorie und Rechtspolitik, Jahrbuch für Rechtssoziologie und Rechtstheorie 13 (1988), S. 222 ff.; *Peter Noll*, Symbolische Gesetzgebung, Zeitschrift für Schweizerisches Recht 100 (1981), S. 347 ff.; und wieder aufgreifend *Jens Newig*, Symbolische Gesetzgebung zwischen Machtausübung und gesellschaftlicher Selbsttäuschung, in: Michelle Cottier / Josef Estermann / Michael Wrase (Hrsg.), Wie wirkt Recht?, 2010, S. 301 ff.; *Bruno Scholl*, Europas symbolische Verfassung, 2006.

symbolischer Verfassungsbedeutung heran – Elemente von Bedeutungsgewinn gerade der Verfassung, auf die *Martin Morlok* zu Recht verwiesen hat.[39]

Auch hier gilt, dass unterschiedlichste Blickwinkel möglich sind, etwa die verschiedenen Ursachen, Erscheinungen und Merkmale von Wandel und Umbruch zu bestimmen und zu deuten; hierher gehörte dann beispielsweise auch das weite Feld des sog. „legal pluralism", der Auseinandersetzung mit der Parallelität verschiedener normativer Ordnungen, ausgelöst durch die Mehrebenenentwicklungen in der Globalisierung und Internationalisierung sowie der Deterritorialisierung von Unternehmen und Kapital.[40] Darauf soll und kann hier weniger eingegangen werden. Vielmehr sollen drei andere Elemente als große Fragenkomplexe herausgehoben werden, nämlich die Veränderung durch Verfahren, die Verbindung von Typisierung und Minderheitenschutz im Zeitalter der Vernetzung[41] und die Bedeutung von Organisation und Gruppenverhalten.

1. Verfahren

Zu beobachten ist derzeit ein erheblicher Bedeutungszuwachs von Verfahrenselementen im Recht, auch und besonders auf der europäischen Ebene. Das zeigt sich etwa im Umweltrecht mit umfangreichen Beteiligungs-

---

[39] Vgl. *Martin Morlok*, in diesem Band, unter III. 3. b).

[40] Ein Überblick über einschlägige Literatur findet sich bei *Paul Schiff Berman*, Global Legal Pluralism, Southern California Law Review 80 (2007), S. 1155.

[41] Auch insofern schließen die Überlegungen von *Wolfgang Hoffmann-Riem* in diesem Band an die Überlegungen dieses Beitrags an.

vorschriften (z. B. in der immer weiter ausgedehnten und präzisierten Umweltverträglichkeitsprüfung), im Informationsrecht mit den Informationsfreiheitsrechten zur Sicherung von Transparenz ohne dahinterstehenden materiellen Anspruch oder auch im allgemein erhöhten Grundrechtsschutz durch Verfahren. Dies entspricht einem vergleichbaren Bedeutungszuwachs in außerrechtlichen Bereichen: Die Proteste gegen Infrastrukturprojekte haben unter dem Schlagwort der „Partizipation" eine erneute Diskussion über Bedeutung und Gewicht von Verfahrensregelungen für die Akzeptanz politischer Entscheidungen angestoßen;[42] fehlende oder fehl geleitete Verfahrensbestimmungen werden verantwortlich gemacht für heftige und häufig unerwünschte zivilgesellschaftliche Reaktionen. In der Folge werden mehr und präzisere Ausgestaltungen von Verfahrenselementen, insbesondere von Beteiligungsrechten für Bürger und speziell für Interessengemeinschaften, eingefordert, um Konflikte friedlich, vorhersehbar und nachhaltig auch unter Einsatz des Rechts lösen zu können. Partizipative Elemente wie Bürgerinitiativen, Bürgerbefragungen etc. haben Kon-

---

[42] Aus der schier unübersichtlichen Literatur zum Themenfeld siehe nur *Thomas Gross*, Stuttgart 21: Folgerungen für Demokratie und Verwaltungsverfahren, DÖV 2011, 510 ff.; *Elke Gurlit*, Neue Formen der Bürgerbeteiligung? – Planung und Zulassung von Projekten in der parlamentarischen Demokratie, JZ 2012, 833 ff.; *Claudio Franzius*, Stuttgart 21: Eine Epochenwende?, GewArch 2012, 255 ff.; *Klaus Gärditz*, Angemessene Öffentlichkeitsbeteiligung bei Infrastrukturplanungen als Herausforderungen an das Verwaltungsrecht im demokratischen Rechtsstaat, GewArch 2011, 273 ff.; *Monika Böhm*, Bürgerbeteiligung nach Stuttgart 21: Änderungsbedarf und -perspektiven, NuR 2011, 614 ff.; *Jan Ziekow*, Frühe Öffentlichkeitsbeteiligung – Der Beginn einer neuen Verwaltungskultur, NVwZ 2013, 754 ff.

junktur; immer häufiger sind Wahlsonntage gleichzeitig auch Abstimmungssonntage für eine Reihe von Vorhaben im kommunalen und lokalen Bereich.

Diese Stärkung von „Verfahren" gegenüber „Ergebnis"[43] wird insbesondere mit einer höheren Akzeptanz und besseren Qualität der darauf basierenden staatlichen Entscheidung begründet, die letztlich der Legitimation diene. Verfahren schafft Bindung.[44] Die Erfolgsbedingungen staatlicher Regelung werden also nicht an den damit erzielten Ergebnissen gemessen, sondern auch auf die vorhergehende Ergebnisfindung ausgedehnt. Dass damit gleichzeitig mit der Ausrichtung auf Ziele wie Akzeptanz auch der binäre Code des „rechtmäßig – rechtswidrig" aufgegeben wird, und außerrechtliche, individuell ausgerichtete Maßstäbe[45] die Geltung des Rechts beeinflussen, bleibt dabei zumeist außer Betracht. Ebenso ist das Bemühen um inhaltliche Richtigkeit, gesellschaftliche Nachhaltigkeit und effektiven Grundrechtsschutz in der aktuellen Diskussion eher blass ausgestaltet.

a) Konflikt von Rechten und Interessen

Solche neuen Verfahrensrechte werden indes regelmäßig nicht dem Individuum als einem Betroffenen zugewiesen. Sie sind vielmehr zunehmend auf Interessenbekundungen ausgerichtet. Das „harte" und deshalb nur wenigen selektiv zugewiesene Recht wird also um ein „weiches",

---

[43] Dazu gleich noch unter b).

[44] Vgl. *Niklas Luhmann*, Legitimation durch Verfahren, 2. Aufl. 1996, u. a. S. 94 f.

[45] *Thomas Würtenberger*, Akzeptanz durch Verwaltungsverfahren , NJW 1991, S. 257, 258.

vielen beliebig zugewiesenes Interesse ergänzt. Diese Interessen werden dazu Interessenvertretern anvertraut; der Einzelne mit seinen Rechten tritt dahinter zurück. Dies geschieht zum Teil offenkundig, ohne aber rechtlich abgesichert zu sein, etwa wenn zunehmend „Gesamtvertreter" ohne demokratische Legitimation und ohne eigene Rechtsposition in staatliche Aushandlungsprozesse einbezogen werden. Diese Praxis zeigt sich sowohl bei den großen Infrastrukturprojekten wie dem Netzausbau oder eben auch der Befriedungsverhandlung um Stuttgart 21. Wenn eine rechtliche Absicherung erfolgt, werden zum Teil Modelle gesamtgesellschaftlicher Pluralismusabbildung herangezogen, die ursprünglich nur als Sondertatbestände aufgetreten sind, etwa im Rundfunkrecht, nun aber ohne nähere Berücksichtigung der dahinterstehenden Vorentscheidungen flächendeckend übertragen werden. Dem entspricht immerhin zum Teil, dass Verbände und Vereinigungen ohne eigene materielle Rechtsposition zunehmend Rechtsschutzmöglichkeiten erhalten.[46]

Häufig aber lässt sich die Verschiebung hin zu den Interessenvertretern eher faktisch diagnostizieren. Es werden zwar nur die individuellen Betroffenenrechte verfahrensmäßig abgesichert. Allerdings müssen diese sich durchsetzen gegenüber den Rechtsbekundungen, die von organisierten Gruppierungen aufgegriffen und dadurch mit Breiten- und Öffentlichkeitswirkung als Interessen geltend gemacht werden. Dies ist etwa typisch für die Einwendungsmöglichkeiten im Netzausbau: Die Bedeutung

[46] Etwa durch § 2 Abs. 1 des UmweltrechtsbehelfsG in Umsetzung der RL 2003/35/EG.

legitimer Einzelpositionen verschwindet angesichts von über 30.000 konkret vorgebrachten Interessenbekundungen fast zwangsläufig aus dem Blickfeld der zur Entscheidung berufenen Behörde. Damit aber gerät möglicherweise auch das Recht des Einzelnen unter Druck: Er kann seine Stellung nur noch im nachfolgenden Rechtsschutzverfahren behaupten; in den Abwägungsvorgang fließt seine Position nur ein, wenn sie als Machtfaktor wahrgenommen wird.

b) Konflikt von Akzeptanz und materiellem Recht

Ob der Einzelne allerdings auf seinem Recht besteht, wird wiederum durch Verfahrensinstrumente beeinflusst. Nicht nur die Existenz leicht zugänglichen, schnellen und einfachen Rechtsschutzes – derzeit massiv unter Druck geraten durch die fast flächendeckende Abschaffung der Widerspruchsverfahren aus Gründen der Sparsamkeit – ist dafür von erheblicher Bedeutung. Vielmehr hängt die individuelle Bereitschaft zur Rechtsverfolgung auch davon ab, in welchem Ausmaß der Betroffene sein Recht als unberücksichtigt wahrnimmt. Dies aber wird maßgeblich von der Ausgestaltung von Verfahrenselementen bestimmt: Sieht der Betroffene sich von vorneherein als rechtlich benachteiligt und gegenüber den Interessengruppen als nicht durchsetzungsfähig an, wird er eine weitere Rechtsverfolgung als teuer und aufwendig gar nicht erst anstreben. Damit wird das Recht des Betroffenen durch eine Stärkung von organisierten Interessengruppierungen möglicherweise auch verfassungsrechtlich beeinträchtigt, ohne dass sich der Text der Verfassung ändert – wohl aber ihre Gewährleistungsbedingungen.

Rechtsschutz war immer schon eine entscheidende Schnittstelle: Ohne effektiven Zugang zu Gerichten zur Durchsetzung und Vollstreckung verkommen diese zu im besten Falle symbolischen Rechten.[47] Das ist derzeit z. B. ein zentrales Problem des Rechts auf informationelle Selbstbestimmung, zu dessen Behauptung Rechtsschutz nur unzureichend nachgesucht und dadurch die Geltung des dahinterstehenden Grundrechts in Mitleidenschaft gezogen wird[48]. Ändert sich also möglicherweise durch die vorrangige Wahrnehmung von organisierten Interessen auch die Wahrnehmung des Einzelnen von der Bedeutung seines Rechts, kann es gleichfalls zu Durchsetzungsschwierigkeiten kommen. In dieser Situation greift keiner der *Weber*schen Bestimmungsgründe sozialen Handelns[49].

Eine solche veränderte Wahrnehmung könnte zusätzlich darüber verstärkt werden, dass viele Verfahrensschritte nicht zur Absicherung der materiellen Gewährleistung eines (Grund-)rechts neu aufgenommen werden, sondern oftmals gezielt zu sekundären Zwecken, insbesondere der Akzeptanzförderung. Damit kann es zu einem Konflikt von Verfahrens- mit dem materiellen Recht kommen; statt Unterstützung des Grundrechtsschutzes durch prozedurale Elemente wird dieser dadurch geschwächt. So kann im Einzelfall ein als fair empfunde-

[47] Vgl. *Rehbinder*, Rechtssoziologie (Fn. 6), Rdnr. 125 f.

[48] Siehe *Indra Spiecker gen. Döhmann*, Die Durchsetzung datenschutzrechtlicher Mindestanforderungen bei Facebook und anderen sozialen Netzwerken, K&R 2012, S. 717 ff.; dazu auch *Wolfgang Hoffmann-Riem*, in diesem Band.

[49] *Max Weber*, Wirtschaft und Gesellschaft, 1972, S. 12 f.: zweckrational, wertrational, affektuell, traditional.

nes Verfahren dazu führen, dass der Betroffene von der – sachlich richtigen – Rechtsdurchsetzung Abstand nimmt, weil er möglicherweise die Bedeutung von akzeptanzfördernden Verfahrensschritten überbewertet und falsch gewichtet. Recht und speziell Verfassungsrecht gäbe dann eine seiner zentralen Legitimitätskriterien der „Output-Legitimation"[50] auf.

Dem steht nicht entgegen, dass bereits jetzt die Rechtsverfolgung in das individuelle Ermessen des Betroffenen (und damit prozedural grundsätzlich allein Berechtigten) gestellt ist, im Einzelfall also objektive Anliegen der Rechtsverfolgung und -durchsetzung dadurch unverwirklicht bleiben, dass der Einzelne im konkreten Fall davon absieht. Selbstverständlich kann auch diese Entscheidung von Faktoren bestimmt sein, die mit der rechtlichen Beurteilung in keinem Zusammenhang stehen – etwa individuelle Restriktionen in Zeit, Geld, Geltungsbedürfnis, Streitbereitschaft etc. Allerdings sind diese Faktoren einzelfallabhängig. Der mögliche Konflikt zwischen Akzeptanzwirkung und materieller Rechtsverwirklichung wäre aber strukturell angelegt, weil er systematisch außerrechtliche Kriterien zum Maßstab für die Rechtsdurchsetzung macht. Damit wirkt dieser Konflikt unmittelbar auf die konkrete Verfassungsgewährleistung effektiven Rechtsschutzes in Art. 19 Abs. 4 GG ein.

Solchen Fragestellungen kann sich eine Soziologie der Verfassung mit großem Gewinn für die Rechtswissenschaft widmen und auch der Dogmatik wesentliche Im-

[50] Vgl. dazu grundlegend *Fritz Scharpf*, Demokratietheorie zwischen Utopie und Anpassung, 1970, insb. ab S. 21 ff., und *ders.* Regieren in Europa, 1999, S. 20 ff.

pulse geben: Wie verändert sich unsere Verfassungswirklichkeit, wenn Verfahrensnormen und materielle Normen miteinander in Konflikt geraten? Wer wird von solchen Veränderungen erfasst? Wie kann abgesichert werden, dass die normativen Vorstellungen zum Tragen kommen? *Martin Morlok* hat mit seinen Überlegungen zu einer Wahlpflicht in Armutsländern darauf hingewiesen, wie blind Verfassungsinterpretation bisher für solche Aspekte ist[51] und dass Überlegungen im Rahmen eines Konzepts der „Mobilisierung von Recht" Hilfestellung geben können,[52] diese Wirkmechanismen besser zu durchdringen und in der Folge Grundrechtsschutz besser umzusetzen.

2. Typisierung und Grundrechtsschutz vor Mehrheitserwartungen

Ist der Konflikt zwischen Verfahrensrecht und materiellem Recht durchaus auch in der Rechtswissenschaft bekannt und erhält er über rechtssoziologische / rechtstheoretische Überlegungen lediglich weitere Dimensionen, gibt es auch andere Fragestellungen, denen sich die Rechtstheorie bisher nicht zugewendet hat. Stellt man etwa Überlegungen dazu an, inwieweit die Verfassung auf soziale Bewegungen eingeht und sie hervorbringt, ruft die aktuelle Betonung von Verfahrenselementen eine weitere Ebene auf.

Gerade diejenigen Grundrechte, die in erheblicher Weise von gesellschaftlichen Vorstellungen geprägt sind wie Religion, Familie oder Persönlichkeit, sind in besonderer Weise von Mehrheitsvorstellungen durchdrungen. Be-

---

[51] *Martin Morlok*, in diesem Band, unter III. 3. g).
[52] Siehe dazu *Martin Morlok*, in diesem Band, unter III. 1. b).

sonders deutlich wird das etwa beim US-amerikanischen Privatheitsverständnis, das auf „reasonable expectation", also die vernünftige Erwartungshaltung und damit auf den Durchschnittsbürger, abstellt[53]: Nicht einmal Selbstschutzmaßnahmen des Einzelnen können dessen Schutzstandard erhöhen; es gilt das, was allgemein üblich ist, und nur dies ist rechtlich schützenswert.[54] Da die „reasonable expectation" indes gebildet ist aus Mehrheits- und Üblichkeitsvorstellungen, sind damit die individuellen Maßstäbe ganz grundsätzlich nicht schutzfähig. Wie das mit Minderheitenschutz und Individualitätsgewähr in Einklang zu bringen ist, bleibt an dieser Stelle weitgehend offen.

Solche Überlegungen sind dem deutschen Argumentationsspektrum nicht fremd: Es wird immer häufiger damit argumentiert, dass „Üblichkeit" einer bestimmten (rechtswidrigen) Praxis bestehe und die daher überzogenen Individualschutzvorstellungen, sich gegen eine solche rechtswidrige Vorgehensweise durchsetzen zu wollen, angesichts ihrer Minderheitenstellung keinen Grundrechtsschutz und damit keinen Freiheitsraum gegenüber der Masse beanspruchen dürften. Rechtlich ungeklärt ist allerdings, woraus sich solche Maßstäbe der Üblichkeit überhaupt ergeben und welche Dauerhaftigkeit / Entwicklungsoffenheit von ihnen gefordert werden muss. Die Bedeutung der Typisierung und vor allem die Bedeutung ihrer Grenzen, bisher überwiegend in Art. 3 Abs. 1 GG verortet,[55] erhält

[53] Siehe nur U. S. Supreme Court, Kyllo v. United States, 533 U. S. 27 (2001).

[54] Vgl. U. S. Supreme Court, Kyllo v. United States, 533 U. S. 27 f., und California v. Ciraolo, 476 U. S. 207, 211.

[55] Vgl. die Rspr. des BVerfG zu Art. 3 GG und der Rechtmäßigkeit zur Typisierung aufgrund einer gewissen Sachnotwendigkeit bei

also im Gewand der Schutzbereichs- und Eingriffsbestimmung nicht nur rechtlich eine neue Bedeutung. Vielmehr müssen zur konkreten Bestimmung von Reichweite und Intensität Üblichkeitsvorstellungen ermittelt werden. Die verwaltungsrechtliche – übrigens zu Unrecht schon lange nicht mehr intensiv geführte – Debatte um Standardsetzung[56] wäre also im Verfassungsrecht angekommen. Wie sehr die damit einhergehende Berücksichtigung außerrechtlicher Faktoren für die Gestaltung des Verfassungsgehalts von erheblicher Bedeutung sein kann, wird an der zunehmenden Bedeutung von Netzstrukturen deutlich, etwa im Bereich der Kommunikation.[57] Deren sog. „Economies of Scale" können inhaltlich erheblichen Gruppendruck erzeugen und nach außen hin leicht den Eindruck

---

Massenerscheinungen des täglichen Lebens, etwa BVerfGE 13, 331, 341; E 17, 1, 23; E 21, 12, 25, 27; E 40, 121, 136; E 51, 115, 122 f.; E 71, 146, 157, oder aufgrund von Praktikabilitätserwägungen im Verwaltungsverfahren, BVerfGE 9, 20, 32. Zu den verfassungsrechtlichen Grenzen der Typisierung siehe BVerfGE 26, 265, 275 f.; E 100, 138, 174; zudem *Roman Herzog*, Maunz-Dürig, GG-Kommentar, 69. Erg. Lf. (2013), Art. 3 Anhang, Rn. 25 ff., und *Uwe Kischel*, Grundgesetz, Beck'scher Online Kommentar, Stand 1.11.2013, Art. 3, Rn. 122 ff.; auch *Josef Isensee*, Die typisierende Verwaltung, 1976, insb. ab S. 125 ff., 133 ff.; *Felix Weyreuther*, Gleichbehandlung und Typisierung, DÖV 1997, 521 ff.; *Monika Böhm*, Der Normmensch, 1996.

[56] *Fritz Nicklisch*, Wechselwirkungen zwischen Technologie und Recht – Zur kontrollierten Rezeption wissenschaftlich-technischer Standards durch die Rechtsordnung, NJW 1982, S. 2633 ff.; die Beiträge in DIN (Hrsg.), Verweisung auf technische Normen in Rechtsvorschriften, 1982; *Hans D. Jarass*, Der rechtliches Stellenwert technischer und wissenschaftlicher Standards – Probleme und Lösungen am Beispiel der Umweltstandards, NJW 1987, S. 1225 ff. ; *Michael Adams*, Normen, Standards, Rechte, JZ 1991, S. 941 ff.; *Christoph Gusy*, Probleme der Verrechtlichung technischer Standards, NVwZ 1995, S. 105 ff.

[57] *Wolfgang Hoffmann-Riem*, in diesem Band.

erwecken, ein bestimmtes Verhalten sei gruppentypisch. Minderheiten werden nicht repräsentiert; ihre Positionen werden in der Folge nicht zur Kenntnis genommen.

Diese Entwicklung läuft aber der Stellung der geltenden Verfassung zur Individualität zuwider. Dort steht der Einzelne im Fokus, wie nicht nur Art. 1 Abs. 1 GG einfordert; Gruppen, Inkorporationen und Organisationen wie Parteien (Art. 21 GG), Vereine und Koalitionen (Art. 9 GG) oder Unternehmen (Art. 19 Abs. 3 GG) bedürfen jeweils ausdrücklich normierter Sonderrechte, um eigene Positionen geltend machen zu können. Und für den allgemeinen Unternehmensschutz könnte man sogar die These vertreten, dass Grundrechte umso mehr an inhaltlichem Gewicht verlieren, je mehr sie sich für Unternehmen öffnen.[58]

Individualität kann Integration in eine Gruppe bedeuten, geht aber zunächst davon aus, dass das Individuum sich unabhängig von der Gruppe und der Gesellschaft entwickelt,[59] sich also eigenständig und damit in Ungleichheit ausprägt. Dem entspricht die verfassungsrecht-

[58] Man denke etwa an Art. 12 und Art. 14 GG als die typischen Unternehmensgrundrechte.

[59] Zur Individualitätsforschung siehe etwa *Emile Durkheim*, Regeln der soziologischen Methode, 1965; *Erik H. Erikson*, Identität und Entwurzelung in unserer Zeit, in: ders. (Hrsg.), Einsicht und Verantwortung, 1966; *ders.*, Identität und Lebenszyklus, 1966; *Jürgen Habermas*, Moralentwicklung und Ich-Identität, in: ders. (Hrsg.), Zur Rekonstruktion des historischen Materialismus, 1976; aber auch: *ders.*, Individuierung durch Vergesellschaftung, in: ders. (Hrsg.), Nachmetaphysisches Denken. Philosophische Aufsätze, 1992, S. 187ff.; eingehend *Heinz Abels*, Identität, 2006; Aleida Assmann / Heidrun Friese (Hrsg.), Identitäten, 1998; Michael Quante (Hrsg.), Personale Identität, 1999; *Bernd Simon*, Identity in Modern Society. A Social Psychological Perspective, 2004.

liche Stellung der Ungleichheit des Individuums, wie sie in Art. 3 Abs. 1 GG ausdrücklich normiert ist: Die rechtliche Konstruktion der Person erfolgt unabhängig von außerrechtlichen Faktoren wie Macht, Wirtschaftskraft oder Status, d. h. in rechtlicher Gleichheit, und ihr Schutz erfolgt ebenso unabhängig davon, was üblich oder gruppentypisch ist, d. h. in rechtlicher Ungleichheit. Die „peer group" ist verfassungsrechtlich gerade keine Größe. Insofern sind die Grundrechte nicht nur Garant eigenständiger gesellschaftlicher Bereiche,[60] sondern weitaus mehr auch Garant eigenständiger Individualität und damit Entwicklungsoffenheit des Einzelnen. Sie garantieren Differenzierung über Funktions- und Gruppenzugehörigkeiten hinaus; gleichzeitig bleibt die Universalität *aller* in ihrer jeweiligen Verschiedenheit der Integrator[61].

3. *Gruppenverhalten und Gruppenwirkungen*

Damit ist als weiteres Teilgebiet mit Bedeutung für eine Soziologie der Verfassung das Verhältnis zwischen Gruppe und Einzelnem angesprochen. Die soziologische Brille kann den Blick für die Eigendynamik von Gruppen und für ihr nicht unproblematisches Verhältnis zum Einzelnen schärfen, sei er Teil der Gruppe oder stehe er außerhalb.[62] Eine Verfassungssoziologie öffnet das Recht für Grup-

---

[60] S. *Martin Morlok*, in diesem Band, unter IV. 1.

[61] Vgl. allgemein für das Recht *Werner Gephart*, Gesellschaftstheorie, Gesellschaftstheorie und Recht, 1993, S. 592, und aus strukturfunktionalistischer Sicht *Talcott Parsons*, The Social System, 1951, S. 36 ff.

[62] In Ansätzen für die Sammelklage angesprochen bei *Baer*, Rechtssoziologie (Fn. 8), § 7 IV: Kollektive und strategische Prozessführung.

pendynamik, Gruppenorganisation und Gruppenprozesse als Einflussfaktoren auf Zustandekommen und Wirkung von Recht und damit auch für die Bedeutung von Kommunikation insgesamt – Elemente, die bisher vom Recht nur wenig und auf der Verfassungsebene noch weniger gesehen werden.[63]

Zu unterscheiden ist dabei zwischen der Außenwirkung von Gruppen (a) und ihrer Binnenstruktur (b).

a) Organisation von Gruppen in der Außenwirkung

Gruppen wirken zunächst einmal nach außen: Die Verbindung mehrerer erhält ein argumentatives Gewicht über die Summierung hinaus. Versammlungs- und Koalitionsgrundrechte spiegeln diese Erkenntnis zentral wider. Allerdings ist ein Spannungsverhältnis zur Durchsetzungsfähigkeit organisierter Interessen schon allein durch die Art und qualitative Größe vorprogrammiert. Präzise Einzelinteressen können sich grundsätzlich besser organisieren und durchsetzen als breit angelegte Interessen.[64]

Da zudem – anders als bei der demokratischen Wahl – bei vielen Beteiligungen von Interessen keine Präferenzenbündelung der Interessenvertreter zu erfolgen hat, kann zudem inkonsistentes und strategisches Abstimmungs- und Interessenverhalten gezeigt werden. Für Gruppen können zudem auch außerrechtliche Kriterien die Durchsetzungsfähigkeit der dahinterstehenden Interessen beeinflussen, die das Interesse selbst nicht betreffen. Hierzu

---

[63] Am ehesten ist dies bisher im Bereich des Rundfunkrechts erfolgt.

[64] Siehe *Mancur Olson*, Logik des kollektiven Handelns: Kollektivgüter und die Theorie der Gruppen, 5. Aufl. 2004.

gehören Faktoren, die auch in der Soziologie selbst bisher wenig beachtet wurden, etwa geografische[65] und demografische Merkmale: Selbstorganisation ist für Interessengruppen im ländlichen Raum schwieriger als im städtischen Umfeld, soziale Kontrolle und Vermeiden von Trittbrettfahren dagegen einfacher. Bei Stuttgart 21 taten sich insbesondere ältere Demonstranten hervor; bei der Nutzung der Informationstechnologie gibt es erhebliche Unterschiede im Nutzungsverhalten zu unter 30jährigen.

b) Organisation in der Binnenwirkung

Gruppen können ihre Außenwirkung erst nach einem selbstorganisierenden Prozess nach innen erreichen. Dies gilt erst recht, wenn ihre Selbstdarstellung nach außen einheitlich erfolgt oder sogar rechtlich einheitlich zu erfolgen hat, die Gruppe also als mit einer Stimme in den gesellschaftlichen Prozess eingreifend wahrgenommen wird. Dann müssen im inneren Entscheidungsfindungs- und Meinungsbildungsprozess hohe Organisationskräfte wirken, um diese Einheitlichkeit nach außen ermöglichen zu können.

Die Ergebnisse dieser Selbstorganisation von Gruppen beeinflussen als wesentlicher Faktor, welche Positionen und Argumente sich intern und damit auch extern durchsetzen.[66] Einflussfaktoren können beispielsweise sein, wer die Gruppe nach welchen Kriterien zusammen-

---

[65] Wenn *Baer*, Rechtssoziologie (Fn. 8), § 8, von „Orten der Rechtsdurchsetzung" spricht, sind damit bezeichnenderweise nicht geografische Orte gemeint.

[66] Siehe *Indra Spiecker gen. Döhmann*, Externer Sachverstand im Staat – Überlegungen zur Organisation der Einbeziehung aus

setzt, wer als erster und als letzter Argumente oder Entscheidungsvorschläge einbringen kann, wie und wann Abstimmungsmodi ausgestaltet sind, wie lange Redezeiten bestimmt sind, ob Öffentlichkeit besteht, wie Sitzordnung und Raumgestaltung angeordnet sind oder ob ein schriftliches oder mündliches Beratungs- und Entscheidungsverfahren gewählt wird. All dies kann jeweils unterschiedliche Ergebnisse produzieren, selbst wenn der Argumente-Raum identisch ist.

Die Ausgestaltung von Kommunikation und deren Wirkungen auf die Entscheidung hat die Verfassung jenseits von Art. 5 Abs. 1 GG noch nicht erreicht; die Gruppe ist bisher ein unbeschriebenes, obwohl weites Feld. Dies gilt auch und erst recht für die Soziologie der Verfassung, sind doch gerade Gruppenentscheidungen ein im Staatsorganisationsrecht schon aus Gründen des Demokratie- und Föderalismusprinzips bevorzugter Entscheidungsmodus. Trotz erkannter Defizite in der Koordination und Kooperation, manifestiert etwa für den Bereich der Standardsetzung im IKT-Bereich über die Ländergrenzen hinweg in Art. 91c GG, bleiben Vorgaben zumeist auf inhaltliche Zielsetzungen und Leitlinienvorstellungen begrenzt. Eine organisatorische Einflussnahme und Ausgestaltung durch Recht unterbleibt weitgehend.

4. Zwischenfazit: Neujustierung des Sozialstaatsprinzips

In der Folge kann eine Soziologie der Verfassung den Blick darauf lenken, dass die Entwicklung zu mehr Interessen-

rechtlicher, ökonomischer und verhaltenswissenschaftlicher Sicht, working paper 2009.

vertretung auch deren Organisationsformen betrachten muss. Das aus der Interessenbetonung resultierende veränderte Verhältnis von Mehrheiten und Minderheiten in Form der Mächtigkeit ist verstärkt in den Blick zu nehmen, und zwar jenseits der traditionellen Zugangsweise der Typisierung. Letztlich wird damit auch anderen, in der Verfassung nicht explizit angesprochenen Werten Geltung verschafft; Differenziertheit der Gesellschaft, die von den meisten Sozialwissenschaften selbstverständlich vorausgesetzt wird, hängt auch davon ab, inwieweit echte Wahlmöglichkeiten zur Freiheitsverwirklichung erhalten bleiben.[67] Deshalb sind auch typische Gruppen- und Klassifikationszuschreibungen, die etwa im Rahmen von „critical legal studies“ betrachtet werden,[68] weder grundsätzlich abzulehnen noch grundsätzlich zu berücksichtigen, bergen sie jeweils die Gefahr einer Typisierung, die das Individuum stärker festlegen kann als der Verzicht auf die Gruppenzuordnung. Es kann durchaus in der im Einzelfall zu weit reichenden Zuschreibung von Klassen-, Gruppen-, Kohorten oder Organisationsmerkmalen eine Gefahr für Individualität und Menschenwürde enthalten sein. Dies illustrieren die neuen Informationstechnologien eindrücklich: Sie basieren ihren Erfolg nicht unwesentlich darauf, Menschen nach statistischen Merkmalen in Gruppen, sog. Kohorten, einzuordnen und ihr Verhalten auf dieser Basis hervorzusagen und zu beurteilen.[69] Für

[67] Eindringlich am Beispiel der Entwicklung der Informationstechnologie im Internetzeitalter *Wolfgang Hoffmann-Riem*, in diesem Band.

[68] Siehe etwa die Darstellung bei *Baer*, Rechtssoziologie (Fn. 8), S. 143 ff. m. w. N.

[69] Siehe auch *Wolfgang Hoffmann-Riem*, in diesem Band.

Individualität ist kein Raum mehr, und Weiterentwicklung und Abweichung vom Typus bedrohen die Weiterverwendbarkeit der Gruppeninformation.

Martin Morlok deutet es bereits an,[70] aber es ist durchaus nachdrücklicher zu formulieren: Im Wesensgehalt des Sozialstaatsprinzips in Art. 20 Abs. 3 GG erwächst ein wesentlicher Ansatzpunkt für eine Integration solcher und anderer sozialwissenschaftlicher Grundlagen. Das Sozialstaatsprinzip eröffnet eine frühzeitige Schnittstelle zwischen gesellschaftlichen Vorbedingungen und verfassungstheoretischen Konzepten über die erfassten Menschen. Wenn Freiheit nur genutzt werden kann, sofern bestimmte Vorbedingungen erfüllt sind, übernimmt das Sozialstaatsprinzip eine freiheitssichernde Gewährleistungsfunktion.[71] Einseitige Übergewichte sozialer oder wirtschaftlicher Macht, die zu einer Nicht-Geltung des Rechts und der Verfassung führen können,[72] mögen darüber zumindest teilweise ausgeglichen werden. Dies erlaubt möglicherweise dann sogar eine Integration von Verfassungskonzepten, die über die *staatliche* Selbstbegrenzung hinausreicht und auch private Akteure erfassen kann, um Freiheitsverwirklichung zu ermöglichen.

---

[70] *Martin Morlok*, in diesem Band unter II. 1. c) aa).

[71] Vgl. *Hans F. Zacher,* Was können wir über das Sozialstaatsprinzip wissen?, in: Rolf Stödter / Werner Thieme (Hrsg.), Festschrift Hans Peter Ipsen, 1977, S. 207, 261 ff. m. w. N.; *Indra Spiecker gen. Döhmann*, in: Otto Depenheuer / Christoph Grabenwarter (Hrsg.), Verfassungstheorie, 2010, S. 777 ff.

[72] Beispielhaft dargestellt bei *Wolfgang Hoffmann-Riem*, in diesem Band.

IV. Fazit

Die eine Soziologie der Verfassung gibt es nicht; unter einer soziologischen Perspektive können verschiedenste interdisziplinäre Ansätze an die Rechtswissenschaft und speziell an die Staatslehre herangeführt werden, und auch der Begriff der Verfassung ist mehr als schillernd.

Die Auslöser für soziologisch motivierte Wandlungen der Verfassungsbetrachtung sind vielfältig; die Wechselwirkungen zwischen Recht und Gesellschaft unterliegen einem ständigen Wandel. Daher stehen in verschiedenen Zeithorizonten unterschiedliche Fragestellungen im Zentrum einer gesellschaftstheoretischen Betrachtung von Verfassung. Dies bedeutet aber auch, dass historisch festgeschriebene Vorstellungen im Laufe der Zeit überholt sein können. Insofern ist es nur konsequent, dass die Veränderungen der Globalisierung, die Machtzunahme privater Akteure – speziell von Netzwerkbetreibern zur Infrastrukturversorgung –, die Betonung von Akzeptanzelementen, der Bedeutungszuwachs von Gruppenrepräsentation, der Rückgang von formalen Elementen der Steuerung oder die Gewähr von Chancengleichheit auf die Verfassung gespiegelt werden. Ob man so weit gehen muss wie *Teubner*, den Verfassungsbegriff gleich auf Selbstbeschränkungsmechanismen insgesamt auszudehnen,[73] und ob dies ohne eine dahinterstehende Machtdrohung überhaupt gelingen kann, ist dann nur eine Einzelfrage; das Verhältnis von Kultur und Recht dagegen wesentliche Bedingung für eine grenzüberschrei-

[73] *Günter Teubner*, Verfassungsfragmente (Fn. 4), S. 23 ff., 27, 35 ff., 40, 50.

tende Verständigung unter Berücksichtigung von Eigengesetzlichkeiten.

Kommentar

Eine Unterfütterung am Beispiel des Wandels der globalen Kommunikationsordnung

von *Wolfgang Hoffmann-Riem*

I. Verfassung und Gesellschaft

Wird Soziologie – sehr allgemein – als Wissenschaft zur empirischen und theoretischen Erforschung der Voraussetzungen, Abläufe und Folgen des sozialen Verhaltens von Menschen verstanden, dann könnte eine rechtliche Verfassung als solche nicht ihr Gegenstand sein. Eine Verfassung ist aber eine unter mehreren Rahmenbedingungen von sozialem Verhalten. Der Verfassungstext ist (in der Auslegung seiner Interpreten) ein Medium ihrer Geltung. Für eine lebende Verfassung aber reicht dies nicht. Für sie sind die Kräfte besonders wichtig, die soziale Verhältnisse und soziales Verhalten prägen, verteidigen, untergraben, auch solche, die bisherige Grundlagen umgestalten oder gar die Verfassung revolutionär ersetzen. Eine Verfassungssoziologie muss, jedenfalls soweit sie – wie *Martin Morlok* fordert – auch Grunddisziplin der Rechtswissenschaft sein soll, solche Kräfte analysieren, Dabei sollte aber auch möglichst konkret gezeigt werden, wie die entsprechenden Fakten als Realbereich der Verfassungsnormen deren normativen Gehalt mitbestimmen, also beim Wandel der Fakten ihn gegebenenfalls auch ändern. „Kluge Verfassungsjuristen" – so *Martin Morlok* – „haben sich schon immer für die Einbindung der rechtlichen Ordnung in die gesellschaftlichen Umstände interessiert".[1]

Verfassungsnormen können auch zu Opfern sozialer Kräfte und sozialen Wandels werden, also ihren Einfluss oder gar ihre Geltung trotz Fortbestandes als „constitution in the books" einbüßen. Daran muss sich für eine wirkungsorientierte, in ihren Fragestellungen offene, aber auch integrativ ausgerichtete Rechtswissenschaft die Überlegung anschließen, ob die Verfassungsnormen das Potential für neuen Landgewinn haben, also so interpretiert und angewandt werden können, dass sie normative Antworten auch unter veränderten Bedingungen ermöglichen und welche realen Voraussetzungen ihre Verwirklichung erfordert[2].

Die Verfassung als lebende Verfassung ist Teil von komplexen Regelungsstrukturen, in die sie eingebunden ist. Zu ihnen gehören Institutionen, Personen und Interaktionen. Als mitsteuernd offenbaren sich Ressourcen wie Macht, Wissen, Technologien, Zeit oder Finanzen. Wichtig sind auch „Kulturen", also präskriptive Orientierungen gesellschaftspolitischer, philosophischer oder technologischer Provenienz, aber auch religiöse und ethische Fundierungen. Auch sie unterliegen dem Wandel, gegenwärtig etwa im Zuge des Übergangs von der Industrie- zur Wissens-, Informations- und Dienstleistungsgesellschaft, ferner an-

---

[1] *Morlok*, Soziologie der Verfassung, II 2.

[2] Eine andere Sichtweise wählt *Schnapper*, Une sociologue au Conseil constitutionnel, 2010, indem sie die Vorgehensweisen einer Institution beschreibt und analysiert.

gestoßen durch Erscheinungen wie Migration oder demographischen Wandel als Beispiele sozialer Veränderungen. Wieso dies nur ein Thema der Soziologie sein soll, leuchtet mir nicht ein: Warum nicht auch Politik- und Wirtschaftswissenschaft, zumindest Sozialwissenschaft allgemein? Ich werde mich jedenfalls im Folgenden um solche Disziplinabgrenzungen nicht kümmern. Auch die terminologische Parallele der „Verfassungssoziologie" zur „Rechtssoziologie" überzeugt nicht. Die deutsche Vereinigung für Rechtssoziologie hat sich kürzlich – mit guten Gründen – umbenannt zur „Vereinigung für Recht und Gesellschaft", in Parallele zu dem international üblichen Begriff „Law and Society". Unser Thema müsste heißen: „Verfassung und Gesellschaft".

Ein übergreifender, auch für Juristen fruchtbarer sozialwissenschaftlicher Zugriff auf die Verfassung muss diverse Bestimmungsfaktoren und auch deren Potential für Veränderungen in den Fokus nehmen und Antworten suchen, die Widerhall in den Räumen erzeugen, in denen Verfassungsjuristen agieren, etwa bei der Textexegese, der Entwicklung der Methoden der Verfassungsanwendung oder dem dogmatischen Burgenbau.

Maßgebende Thesen dazu hat Martin Morlok in seinem weitgreifenden Referat benannt und Indra Spiecker hat dies auf produktive Weise in Ihrem Kommentar ergänzt. Da ich mich zeitlich beschränken muss, steige ich nicht auf den vielen von beiden genutzten Ebenen ein, sondern wähle ein einziges Beispiel – es wird also kein Kommentar, sondern eine Unterfütterung maßgebender Thesen der beiden Referate. Ich will an einem Beispielsfeld illustrieren, auf welche Weise die Grundfeste einzelner Verfassungsnormen und ihrer Dogmatik durch Veränderung der Realverhältnisse unterspült werden können. Dann will ich die Frage stellen und Antworten stimulieren, ob es gleichwohl gelingen kann, die Stützpfeiler der Verfassung stabil zu halten oder die Anliegen einer modernen Verfassung besser zu grundieren. Dies erfordert nicht zuletzt, mögliche Änderungsbedarfe auch in das Denken der juristischen Schriftgelehrten einzuschleusen und diese für die realen Bedingungen erfolgreicher Veränderung zu sensibilisieren.

II. Reaktionen auf Änderungen der Realverhältnisse: Das Beispiel der globalisierten Kommunikationsordnung

Ich wähle ein mir grundsätzlich vertrautes Beispielsfeld, nämlich die Sicherung von Freiheit in den globalen Infrastrukturen für Information und Kommunikation. Die rechtliche Gewährleistung der Kommunikationsfreiheiten ist in der Bundesrepublik bisher eine Erfolgsgeschichte. Das Arsenal der Grundrechtsverbürgungen ist breit und ihre Wirkungskraft ist durch ein starkes Verfassungsgericht immer wieder aktualisiert worden. Bei den Kommunikationsgrundrechten hat das Grundgesetz seine Lebendigkeit etwa durch Reaktionen auf neue technologische Gegebenheiten und die Abwehr neuartiger Gefährdungen vielfach unter Beweis gestellt. Beispiele sind die Maßgeblichkeit grundrechtlichen Freiheitschutzes in allen Teilen der Rechtsordnung durch das Lüth-Urteil[3],

[3] BVerfGE 7, 198.

die Anerkennung des allgemeinen Persönlichkeitsrechts[4], dessen Ausweitung in Zeiten der Computertechnologie zum Recht auf informationelle Selbstbestimmung[5]; ferner: als Bollwerke gegen Lausch- und Spähaktionen in der privaten Wohnung[6] oder beim Telekommunikationsverkehr[7], durch Begrenzung der Speisekarte datenhungriger Hoheitsträger auf Daten-Schonkost und durch strenge Vorgaben für die Architektur von Datenvorratskammern.[8] Dieses Schutzgebäude aber droht nun teilweise zu einem potemkinschen Dorf zu mutieren.

Was hat sich geändert? Die Digitalisierung und Computerisierung der Kommunikation, die Globalisierung der IuK-Infrastrukturen, die Entwicklung neuer Kommunikationsdienstleistungen, der Siegeszug der Social Media, die Miniaturisierung der Hardware, die Mobilität digitaler Kommunikation und vieles andere mehr haben unser Leben verändert und zugleich bereichert. Betroffen sind die Art der industriellen Produktion, die Funktionsweise der Dienstleistungsgesellschaft, die persönlich-private und persönlich-öffentliche Kommunikation, die politische Kultur, das Verständnis von Freiheit, die Zeitmaße für die Erledigung von Angelegenheiten und anderes mehr. Dies hat uns viele Chancen individueller, kollektiver und wirtschaftlicher Entfaltung gebracht, also eine Ausdehnung des Bereichs real geübter Freiheit.

---

[4] BVerfGE 27, 1, 6 f.; 35, 202, 219 u. v. a. m.

[5] BVerfGE 67, 157, 171 ff.

[6] BVerfGE 109, 279, 309 ff.

[7] BVerfGE 106, 28, 35 ff.; 115, 166, 181 ff.

[8] BVerfGE 129, 208, 240 ff. s. jetzt auch EuGH, Urteil v. 8.4.2014, Rs C-293/12 und C-594/12.

Zugleich aber haben sich die empirischen Ausgangsbedingungen der Grundrechtsverbürgungen von Kommunikation radikal verändert, auf denen etwa die Kommunikationsgrundrechte im engeren Sinne, auch die der Freiheit der Telekommunikation oder der Schutz des allgemeinen Persönlichkeitsrechts, beruhen. Die Kommerzialisierung der Kommunikationswelt hält schon jahrzehntelang an. Speziell im Fernmeldebereich ist der zuvor maßgebende Akteur, das staatliche Post- und Fernmeldeunternehmen, infolge der Liberalisierung der Telekommunikation (siehe Art. 87f GG) ausgeschieden und hat eine neue (privat-unternehmerische) Rechtsform erhalten. Neue nationale und ausländische privatwirtschaftliche Unternehmen sind hinzugetreten und haben auch mitgeholfen, den Prozess der Globalisierung der Kommunikation voranzutreiben. Die früher maßgebliche staatliche Erfüllungsverantwortung wurde in eine Überwachungs- und Auffangverantwortung überführt.[9] Die für die über IuK-Infrastrukturen abgewickelten Dienste maßgebenden Akteure sind weitgehend ausländische (wie etwa die „Big Five" Google, Apple, Facebook, Microsoft, Amazon). Ihnen erscheinen die nationalen Rechtsordnungen der vielen Staaten, in denen sie ihre Geschäfte machen wollen, als Ghetto, dem sie sich möglichst entziehen.[10] Das weitgehende Fehlen einer die Entwicklung begleiten-

---

[9] Zu diesen Begriffen s. *Schulze-Fielitz*, Grundmodi der Aufgabenwahrnehmung, in: Hoffmann-Riem / Schmidt-Aßmann / Voßkuhle (Hrsg.), GVwR Bd. 1 (2012), § 12, Rn158 ff. Zur jetzigen Rolle staatlicher Aufgabenträger siehe als Beispiel die Regelungen im Telekommunikationsgesetz.

[10] Dies geschieht etwa durch die Sitzwahl für Unternehmen und Unternehmensteile in Staaten mit Rechtsordnungen ohne restriktive Regelungen, aber vor allem durch Allgemeine Geschäftsbedingungen.

den trans- und international oder global ausgerichteten Rechtsordnung haben sie genutzt und eine eigen gestaltete Rechtsordnung aufgebaut, transnational orientiert und in der Regelungsform vielfach als Soft Law.[11] Diese Praxis ist rechtstheoretisch faszinierend. Sie hat auch praktische Folgen für die Wirksamkeit von Garantien der Freiheitlichkeit einschließlich des Rechtsschutzes.

Die maßgebenden Unternehmen agieren in einem globalen Markt. Es gibt aber weder eine Marktstrukturierung durch globales Kartellrecht noch global geltende Regelungen zur Justierung von Individualwohl und Gemeinwohl. Rechtsstaatliche Standards der Mäßigung von Machteinsatz fehlen auf der globalen Ebene weitgehend ebenso wie Anforderungen demokratischer Legitimation.[12] Die Akteure handeln unter den besonderen „Gesetzmäßigkeiten" der Internetökonomie[13] und nutzen das durch technologisch-ökonomische Besonderheiten bereitgestellte Potential des Aufbaus von Marktmacht und darauf abgestimmter Geschäftsmodelle. Sie arbeiten weitgehend ohne Maßgeblichkeit des staatlich gesetzten – etwa des nationalen bürgerlichen – Rechts und sie konterkarieren mit Hilfe von Allgemeinen Geschäftsbedingungen sowie durch die

---

[11] Dazu siehe statt vieler *Boehme-Neßler*, Unscharfes Recht. Überlegungen zur Relativierungen des Rechts in der digitalisierten Welt, 2008, *N. C. Ipsen*, Private Normenordnungen als transnationales Recht?, 2009.

[12] Hierzu sowie zu anwendbaren Regelwerken siehe die Hinweise bei *Hoffmann-Riem*, Regelungsstrukturen für öffentliche Kommunikation im Internet, AöR 2012, S. 509 ff.

[13] Dazu allgemein Grob / vom Brocke (Hrsg.), Internetökonomie, 2006; *Peters*, Internet-Ökonomie, 2010; *Clement / Schreiber*, Internet-Ökonomie: Grundlagen und Fallbeispiele der vernetzten Wirtschaft, 2. Aufl. 2013.

genutzte Software beispielsweise die im Datenschutzrecht angelegten Grundsätze der Datensicherheit und -sparsamkeit und Sicherungen gegen Zweckentfremdung.

Einigen wenigen Unternehmen – den „Big Five“ – ist es gelungen, durch internes und externes Wachstum globale Oligopole aufzubauen. Sie konnten mobiles Kapital gigantischen Ausmaßes anhäufen, das ihnen das Eindringen in weitere Marktsegmente und den Aufkauf von Unternehmen mit zukunftsträchtigen Geschäftsmodellen erlaubt, ohne dass zur Zeit eine Dynamik des Marktes zu erkennen wäre, die dauerhaft Marktmacht verhindern könnte.[14] Nationales Recht oder EU-Recht ist zwar beschränkt anwendbar[15], hat aber die Entstehung und Konkretisierung des praktisch wichtigeren und zum Teil gegenläufigen Eigenrechts, insbesondere des Soft Law, inhaltlich kaum mit determinieren können. Die oligopolistische Vermachtung eines erheblichen Teils der globalen Kommunikationsinfrastrukturen konnte nicht verhindert werden.

Auf dem Markt der Nutzung der Angebote gelten neue, quasi unsichtbare Währungen, nämlich Aufmerksamkeit und Daten. Deren ökonomischer Wert für die Kommunikationsunternehmen ist vom Nutzer kaum einschätzbar. Auch kann er sie nur sehr begrenzt durch die sonst übliche

---

[14] Auch die *Monopolkommission* ist auf das Problem aufmerksam geworden, siehe ihr Hauptgutachten XX (2012/2013), 2014, S. 58 ff. Aufgrund welcher Beobachtungen sie allerdings zu dem Ergebnis kommen konnte, dass „bislang jedenfalls mittelfristig dynamischer Wettbewerb auf Produktebene in vielen Bereichen dauerhaft Marktmacht verhindert“ habe, ist schwer zu erkennen. Plattformen wie eBay, Facebook, Google oder Twitter werden von ihr allerdings „starke Marktstellungen“ attestiert.

[15] Zum EU-Recht siehe EuGH, Urteil vom 13. Mai 2014, Rechtssache C-131/12 (Google Spain).

Währung, nämlich Geld, ersetzen[16] und sich durch Abwägung der Vorteile und finanziellen Kosten (der „Preise") ökonomisch rational verhalten. Die Folge sind Risiken eines strukturell bedingten Marktversagens. Deren nähere Analyse und die Herausarbeitung der Besonderheiten des jeweiligen Typs der betroffenen Geschäftsmodelle[17] müsste eine lohnende Aufgabe für die ökonomische Analyse[18], auch die des Rechts sein, findet Erklärungsansätze aber auch in der sozialwissenschaftlichen Literatur.[19]

Die Hauptwährung, die die Nutzer des Internet für jeden Nutzungsvorgang unweigerlich bereitstellen müssen, sind deren Verbindungs-, Bewegungs- und Inhaltsdaten, generiert etwa aus Anlass von Suchaktionen; aus E-Mails; Chats; Foren; Videokonferenzen; E-Commerce und E-Government oder bei der Teilhabe an sozialen Netzwerken wie Facebook oder Youtube. Solche Daten werden gespeichert, für Werbezwecke ausgewertet und

---

[16] Die originellen Vorschläge hierzu von *Lanier,* Wem gehört die Zukunft? (2014) dürften kaum Realisierungschancen haben.

[17] Vgl dazu als Beispiel *Haucap / Kehder,* Suchmaschinen zwischen Wettbewerb und Monopol: Der Fall Google, in: Festschrift für Jörn Kruse, 2013, S. 1155 ff. Die Autoren verweisen auf Besonderheiten im Bereich von Suchmaschinen und verdeutlichen, dass sich eine Reihe nicht trivialer Fragen stellen, wenn es um die Einordnung von Marktmacht und die Feststellung von deren Missbrauch geht. Das kann hier nicht näher verfolgt werden.

[18] Zur medienökonomischen Literatur s. o. Fn. 13. Zu Problemen kartellrechtlicher Interventionen und Auswirkungen auf Innovationen vgl. *Shelanski,* Information, Innovation, and Competition Policy for the Internet, in: University of Pennsylvania Law Review 2013, S. 1663 ff.

[19] Siehe statt vieler *Oermann*, Das „Kommunikationspanoptikum" als Herausforderung für die Datenschutzregulierung von inkludierenden Onlinekommunikationsdiensten, in: Taeger (Hrsg.), Law as a Service (LaaS) – Recht im Internet- und Cloud-Zeitalter, 2013, S. 53 ff.

eingesetzt, weiterverkauft usw. und sie werden dadurch auch zu Informationen. Ihre Auswertung, dabei auch die Kombination mit weiteren aus sonstigen „Datenschätzen“ stammenden Informationen, erlaubt die Schaffung von Persönlichkeits- und Bewegungsprofilen, die Ermittlung von Einstellungen, die Einstufung in Nutzertypen, die Steuerung von Markt- und auch Wahlverhalten – etwa durch „targeting“ –, raffinierte Meinungsforschung, die Vorhersage von Verhaltenstrends usw.

Keine demokratische Verfassung würde Trägern von Staatsgewalt die Akkumulation solcher Kommunikationsmacht erlauben. Wir haben in den vergangenen Jahren fasziniert beobachtet, wie das Internet dazu beitragen kann, undemokratische Regime zu stürzen.[20] In ihm entwickeln sich aber keine Kräfte, die stark genug sind, demokratische Strukturen für die Machthaber des Internet durchzusetzen.

Wenn eine Verfassung eine normative Grundordnung von Staat und Gesellschaft sein soll[21] und dabei auch ein Mittel zur Mäßigung von Macht, und wenn eine Verfassungssoziologie ein Weg zur Erfassung von Realbedingungen ihrer Wirksamkeit sein soll, dann müssten diese neuen Machtverhältnisse ein hochaktuelles Thema sein, sowohl für die Sozialwissenschaften als auch für die Verfassungsrechtswissenschaft. Der Staat erhält Konkurrenz durch private Machtträger, die sich seinem Regelungsanspruch möglichst entziehen, und dies auch in dem Bereich, in dem ihm die Gewährleistung grundrechtlicher

---

[20] Erinnert sei nur an die Ereignisse beim sogenannten Arabischen Frühling, bei denen das Internet ein wichtiges Kommunikations- und Solidarisierungsinstrument war.

[21] So *Morlok*, a. a. O. I 2 c aa.

Freiheit für sämtliche Grundrechtsträger übertragen ist. Gefährdet ist seine Funktion als Ermöglicher von realer Freiheit, und zwar im Zuge der Sicherung dafür hilfreicher Strukturen, aber ebenfalls durch Abwehr von konkreten Freiheitsbeeinträchtigungen.

Die neuen Machtverhältnisse dürften es rechtfertigen, das von mir gewählte Beispielsfeld als Gegenstand unseres Themas zu verstehen. Die Globalisierung stellt alte Verfassungsfragen neu auf die wissenschaftliche Tagesordnung.[22]

III. Rechtliche Rahmensetzungen

Nationale Rechtsordnungen und die Rechtsvorschriften der EU sind für die privaten Kommunikationsunternehmen zwar nicht obsolet, aber nur noch nachrangig bedeutsam. Dies liegt auch daran, dass viele Normen, so auch viele Verfassungsnormen, noch durch die Denkweisen des territorial gebundenen Nationalstaats geprägt sind; sie haben bisher keine Anpassung an die neue globalisierte Welt erfahren, so dass die privaten Machtträger in vielem ein rechtliches Vakuum vorfinden. Von ihrem Handeln gehen nachhaltige, positiv, aber auch negativ zu bewertende Einwirkungen auf die Freiheitsausübung der Bürgerinnen und Bürger aus. Angesichts der Globalität ihres Handelns zeigt sich, dass die praktische Bedeutung des über die nationale Rechtsordnung konkretisierten Grundrechtsschutzes wegen der traditionellen territorialen Gebundenheit

[22] Dies betont generell auch *Morlok* a. a. O., I 3 a.

von Grundrechtsnormen zu kurz greift – es sei denn, es gelingt, diese territorialen Fesseln abzustreifen.

Die auch global agierenden Unternehmen müssen allerdings schon jetzt rechtliche Grenzen[23] respektieren, jedenfalls wenn sie in das regionale Wirkungsfeld des Rechts der Nationalstaaten oder der EU geraten. Zugleich aber gewährt das nationale Recht ihnen einen Schlüssel, der eine weitgehende Freizeichnung von Bindungen nationalen Rechts ermöglicht. Seine Nutzbarkeit beruht auf der in der verfassungsrechtlichen Garantie der Entfaltungs- und Wirtschaftsfreiheit enthaltenen Rechtsmacht der Nutzer, die Unternehmen durch Einwilligung in die AGBs von Bindungen zu befreien, die sonst im nationalen Recht üblich sind. Ohne solche Einwilligung kann grundsätzlich niemand die Dienste der Unternehmen nutzen, so dass deren Chancen groß sind, Einwilligungen zu erhalten. Das Institut der Einwilligung[24] – Prototyp eines Instruments der Selbstbestimmung – wendet sich nunmehr im praktischen Ergebnis gegen die Idee der Selbstbestimmung, soweit die Bürger auf die Nutzung solcher Dienste angewiesen sind. Dies ist zunehmend der Fall.

---

[23] Die Reichhaltigkeit der potentiell anwendbaren Rechtsnormen lässt sich der allgemeinen Literatur zum Internetrecht entnehmen, etwa *Hoeren*, Internet- und Kommunikationsrecht, 2. Aufl. 2012; *Heckmann*, Juris-Praxiskommentar Internetrecht, 2. Aufl. 2009; *Köhler/Arndt/Fetzer*, Recht des Internet, 7. Aufl. 2011; *Mayer*, Europäisches Internetverwaltungsrecht, in: Terhechte (Hrsg.), Verwaltungsrecht der Europäischen Union, 2011, S. 931 ff.

[24] Hier sei nur auf Literatur zu den Möglichkeiten verwiesen, die Einwilligung einzuschränken, siehe etwa *Bäcker*, Grundrechtlicher Informationsschutz gegen Private, Der Staat 2012, 91, 105 ff. m. w. Hinw.; *Kamp-Rost*, Kritik an der Einwilligung – ein Zwischenruf zu einer fiktiven Rechtsgrundlage in asymmetrischen Machtverhältnissen, DuD 2013, S. 80 ff.

Zwar sagen die AGBs einiges darüber, für was die Unternehmen eine Einwilligung fordern. Die den Nutzern für ihre Einwilligungsentscheidung verfügbaren Informationen enthalten aber viele Lücken. Die Steuerungswirkung durch Einwilligung wird auch dadurch verringert, dass die Allgemeinen Geschäftsbedingungen häufig ohne hinreichende Information der Nutzer geändert oder dass neue Zusatzfunktionen ohne erneute Einwilligung bereitgestellt werden. Wo anonyme Algorithmen die Erfassung und Verarbeitung der Daten steuern, wo Transparenz über das konkrete weitere Schicksal der gesammelten Informationen weitgehend verwehrt wird und wo es den meisten Nutzern an technologischem und inhaltlichem Know-how fehlt, verbleibende Möglichkeiten der Einflussnahme auf die Reichweite der Einwilligung und auf die technischen Einstellungen des Datenvorgangs praktisch zu nutzen, wird Selbstbestimmung zur leeren Hülse. Dem Schutz der Selbstbestimmung fehlt als Lebenselixier von Entfaltungsfreiheit die Reziprozität.[25]

Als Alternative bleibt als eine Möglichkeit, das Post-Privacy-Konzept zu verfolgen und rechtliche Schutzregeln für Privatheit und Persönlichkeitsschutz für entbehrlich zu halten.[26]

Eine andere Alternative ist es, auf die Leistungen des Internet und anderer Formen digitalisierter Kommunikation zu verzichten. Das aber bedeutet angesichts des existenziellen Angewiesenseins auf digitalisierte IuK-Leis-

---

[25] Zur Bedeutung dieses Prinzips siehe *Gröschner*, Reziprozität: Voraussetzung des Verfassungsstaats, in: Gedächtnisschrift Brugger, 2013, S. 463 ff.

[26] Dazu siehe *Heller*, Post Privacy: Prima leben ohne Privatsphäre, 2011.

tungen im geschäftlichen und persönlichen Bereich den weitgehenden Abschied aus dem sozialen Zusammenleben, also die Flucht auf eine Insel und das Leben als antidigitaler Robinson.

Dies sind keine zumutbaren Alternativen.

IV. Weitere Unterminierung von Grundrechtsschutz

Diese Andeutungen zeigen, dass sich die Machtverhältnisse im Kommunikationsbereich radikal verändert haben. Dies ist seit einiger Zeit bekannt. *Edward Snowdens* Enthüllungen[27] haben nun aber auf eine weitere Dimension von Freiheitsgefährdungen und Asymmetrien verwiesen. Ein Aspekt ist das weitflächige Abfangen, die Speicherung und die Auswertung der Datenströme durch Träger von Staatsgewalt wie der NSA. Dies kann mit dem wechselseitigen Austausch von Daten mit Hoheitsträgern anderer Staaten verkoppelt werden. Dann weiten die Gefahrenpotentiale sich aus. Gerechtfertigt werden solche Vorgehensweisen zwar meist mit der unbestreitbar wichtigen Abwehr von Gefahren des Terrorismus und der organisierten Kriminalität. Das Material von *Snowden* deutet aber auf weit größere Anwendungsfelder hin, auch etwa auf die Nutzung der Informationen für Zwecke der Wirtschaftsspionage.

---

[27] Aus der reichhaltigen Literatur dazu siehe etwa *Leisegang*, Schöne neue Überwachungswelt, in: Blätter für deutsche und internationale Politik, 2013, Nr. 8 sowie die Bücher von *Rosenbach/Stark*, Der NSA Komplex, 2014 und *Greenwald*, Die globale Überwachung 2014.

Eine zweite, besondere gravierende Vorgehensweise ist die schon genutzte, grundsätzlich ausbaufähige Möglichkeit des Zugriffs von Staatsorganen auf die bei IT-Unternehmen gespeicherten „riesigen" Berge von Meta- und Inhaltsdaten. Dies bekommt eine weitere neue Qualität, wenn Träger von Staatsgewalt nicht nur auf die bei privaten IuK-Unternehmen gespeicherten Rohdaten, sondern auch auf deren Vorrat an komplexen Auswertungen solcher Daten und deren Kombination mit Befunden aus anderen Datenschätzen erlangen sollten. „Big Brother" und „Big Data[28]" würden so zu Verbündeten.

Da die meisten großen Unternehmen des IuK-Bereichs ihren (Haupt-)Sitz in den USA haben und zum Teil erzwungen, zum Teil freiwillig mit den amerikanischen Behörden kooperieren, ergänzen sich der politisch-militärische Einfluss der Großmacht USA und die technologische, infrastrukturelle und kommunikative Macht der großen amerikanischen IT-Unternehmen wechselseitig. Hier droht in einem kommerziell-politisch-militärischen Verbund eine hegemoniale Struktur in der Kommunikationswelt zu entstehen.

V. Zum Schutzpotential der Verfassungsordnung

Gibt es darauf schon Antworten in der lebenden Verfassung? Droht das Grundgesetz infolge der Globalisierungsprozesse seine Bedeutung als Wertereservoir der Gesell-

[28] Zu Big Data s. *Mayer-Schönberger/Cukier, Big Data,* A Revolution that Will Transform How We Live, Work and Think, 2013.

schaft, als „Gerechtigkeitsreserve“[29] zumindest teilweise einzubüßen? Welche Verwirklichungsbedingungen sind nötig, um Abhilfevorschlägen Verwirklichungschancen einzuräumen?

Betrachten wir die Grundrechtsentwicklung in Deutschland, erscheint es im Nachhinein fast anrührend, dass das BVerfG den persönlichen Schutz beim Eintritt in das Computerzeitalter durch ein Grundrecht gesichert sehen wollte, das im Kern auf „informationelle Selbstbestimmung“ zielt. Es gibt sie zwar noch, die Möglichkeiten informationeller Selbstbestimmung, insbesondere als Recht zur Abwehr im nationalen Bereich vorgenommener und deshalb durch nationales Verfassungsrecht gebändigter Eingriffe in Kommunikation. Für denjenigen, der die Dienste der globalen IuK-Infrastrukturen nutzt oder gar an den sozialen Diensten des Web 2.0 teilhat, ist die Rede von informationeller Selbstbestimmung im Hinblick auf Persönlichkeitsschutz jedoch zunehmend Euphemismus. Nationaler Persönlichkeitsschutz versagt in den trans- und international organisierten Kommunikationswelten weitgehend. Auch effektive Möglichkeiten gerichtlichen Rechtsschutzes gibt es für die Bürger praktisch nicht.

Das Bundesverfassungsgericht hat bei seiner neuen Grundrechtskonkretisierung, nämlich bei der Entwicklung des „Grundrechts auf Gewährleistung der Integrität und Vertraulichkeit eigener informationstechnischer Systeme“[30] diese Problematik nicht ausdrücklich angesprochen. Allerdings ist der Begriff des informationstechnischen Systems keineswegs auf den jeweils persönlich

---

[29] Dazu siehe *Morlok* a. a. O., I 2 c aaa.

[30] BVerfGE 120, 274, 313 ff.

genutzten Computer begrenzt, sondern verweist auch auf die für die über den Computer abgewickelten Kommunikationsvorgänge benötigte Infrastruktur. Im Jahre 2008, dem Zeitpunkt der Entscheidung, war selbstverständlich bekannt, dass die für digitale Kommunikation genutzten Infrastrukturen keine territoriale Begrenzung kennen. Die Problematik wurde allerdings nicht zum Thema der Entscheidung, da sie sich auf ein deutsches Landesgesetz bezog, das zur Online-Durchsuchung in Deutschland ermächtigte. Die Bedeutung der Entscheidung reicht weiter. Das Gericht hat die technologischen und inhaltlichen Veränderungen der Kommunikationswelt und damit des Realbereichs der Kommunikationsgrundrechte zum Anlass genommen, den Schutzgegenstand im Vergleich zu dem Schutz durch das Grundrecht auf informationelle Selbstbestimmung zu erweitern, weil der Schutz einzelner Kommunikationsinhalte gegen punktuelle Eingriffe Lücken belässt, also nicht mehr ausreicht. Erforderlich ist darüber hinaus der Schutz informationstechnischer Systeme, und zwar in zwei bedeutenden Hinsichten, nämlich der Integrität dieser Systeme und ihrer Vertraulichkeit. Zugleich hat das Gericht terminologisch eine weitere Akzentveränderung vorgenommen: Integrität und Vertraulichkeit lassen sich nicht allein abwehrrechtlich sichern, sie bedürfen der „Gewährleistung".

Zwar galt die Entscheidung aufgrund der prozessualen Einbindung in ein Verfassungsbeschwerdeverfahren einer klassischen abwehrrechtlichen Konstellation und sie nimmt die informationstechnischen Systeme nur insoweit in Bezug, als diese für „eigene" Zwecke der Grundrechtsträger genutzt werden. Die neue Terminologie aber verweist auf Potentiale für Weiterentwicklungen, die dem modernen Gewährleistungsstaat Rechnung tragen: die objektiv-rechtlichen Gehalte der Persönlichkeits- und Kommunikationsgrundrechte sind Grundlage zur Entwicklung von Schutzaufträgen[31] hier im Hinblick auf Sicherungen mit Bezug auf die informationstechnischen Systeme als solche. Solche Systeme bestehen aus Arrangements von software und hardware.

Die auf ihre grundrechtsbezogene Funktionstauglichkeit ausgerichteten verfassungsrechtlichen Sicherungsaufträge können in systematischer Verfassungsinterpretation mit anderen Gewährleistungsaufträgen kombiniert werden. Dazu gehören die – wenn auch begrenzten – Aufträge zur Sicherung einer angemessenen (das heißt auch geschützten, manipulationsfreien) Versorgung mit Telekommunikationsdienstleistungen (Art. 87f GG) und zur Sorge für die Sicherheitsanforderungen an Kommunikationsinfrastrukturen, die Bund und Länder für ihre Aufgaben benötigen (Art. 91c GG). Soweit Bund und Länder sich auch der globalen Kommunikationsnetze bedienen, erstreckt sich ihr Auftrag auch auf diese Dimension.[32]

Durch solche verfassungsrechtlichen Möglichkeiten werden die territorialen Begrenzungen wichtiger verfassungsrechtlicher Schutzpositionen aber noch nicht obsolet. Aber auch insoweit enthalten die deutschen Grundrechtsnormen, darunter auch die neue Grund-

---

[31] Zur objektiv-rechtlichen Bedeutung der neuen Grundrechtskonkretisierung *vgl. Roßnagel/Schnabel*, Das Grundrecht auf Gewährleistung der Vertraulichkeit und Integrität informationstechnischer Systeme und sein Einfluss auf das Privatrecht, NJW 2008, S. 3534, 3535 ff.

[32] Dazu vgl. auch *Hoffmann-Riem*, Freiheitsschutz in den globalen Kommunikationsinfrastrukturen, JZ 2014, S. 53, 58.

rechtskonkretisierung, das Potential, Territorialgrenzen überwinden zu helfen. Der objektiv-rechtliche Gehalt, der für sämtliche Kommunikationsgrundrechte typisch ist, verpflichtet nämlich die deutschen Staatsorgane (die Regierung sowie das Parlament), nicht nur allgemein auf Schutzvorkehrungen, sondern auch im Kontext der Europäischen Integration darauf hinzuwirken, dass die in den EU-Verträgen (Art. 16 I, 18 I AEUV) sowie in der EU-Grundrechtecharta (Art. 1, 6, 7, 8, 11) enthaltenen Gewährleistungs- und Schutzaufträge[33] aktiviert werden. Dies wäre ein Beitrag dazu, dass die EU als Gewährleistungsunion bei der Gestaltung der existenziellen IuK-Infrastrukturen handelt, also auch bei der der Sicherung der Integrität, Sicherheit sowie Vertraulichkeit informationstechnischer Systeme. Ziel vereinten Vorgehens muss es sein, einerseits Grundrechtsbeeinträchtigungen durch andere Staaten abzuwehren. Wichtig ist aber auch, Freiheitsrechte gegenüber privaten Machtträgern zur Geltung zu bringen. Dazu kann es gehören, den globalen Oligopolen mehr Transparenz, mehr Differenzierungsmöglichkeiten bei der Nutzung ihrer Dienste und auch besseren Schutz vor Manipulation abzuverlangen.

In Zeiten offener Staatlichkeit sind auch Bemühungen im Völkerrecht geboten. Dazu gehört es auch, die im Völkerrecht seit langem anerkannte Pflichten zum exterritorialen Schutz der eigenen Staatsangehörigen (früher etwa

[33] Dazu siehe aus der Literatur *Jaeckel*, Schutzpflichten im deutschen und europäischen Recht, 2001; *Szcekalla*, Die sogenannten grundrechtlichen Schutzpflichten im deutschen und europäischen Recht, 2002; *Calliess*, Schutzpflichten, in: Handbuch der Grundrechte, Bd. 2, 2006, § 44, Rn. 17.

Konsularschutz[34]) unter heutigen Bedingungen gegenständlich auf den Kommunikationsbereich auszudehnen. Werden die historischen Prämissen dieses Schutzes auf heutige Gefährdungspotentiale angewandt, lässt sich dieses Instrument aktivieren, soweit sich Grundrechtsschutz nur durch Schutz gegen Handeln auf fremdem oder territorialem Gebiet wirkungsvoll verwirklichen lässt. So aber liegt es hier teilweise.

Ebenfalls können die in den internationalen Bürgerrechtspakten (Art. 9 I, 17 I IPbpR) enthaltenen Garantien, die auch als Schutzpflichten konzipiert sind[35], aktiviert werden.

VI. Globalisierung des Grundrechtsschutzes als Reaktion

Bei staatlichen Ausspähaktionen sowie beim Handeln der Kommunikationsoligopolisten geht es um Interessen und Macht. Interessen und Macht sind auch maßgebende Parameter für das Handeln der Staaten, der EU und anderer Akteure der Völkerrechtsgemeinschaft. Die Machtverhältnisse aber haben sich im Bereich von Information

[34] Zu ihm siehe grundsätzlich *Scheidler*, Der Schutz deutscher Staatsangehöriger gegenüber der Hoheitsgewalt ausländischer Staaten, DÖV 2006, s. 417ff.; *Kmentt*, Grenzüberschreitendes Verwaltungshandeln, 2010, S. 177; *Koenen*, Wirtschaft und Menschenrechte. Staatliche Schutzpflichten auf der Basis regionaler und internationaler Menschenrechtsverträge, 2012.

[35] Zu diesen Pakten siehe *Vedder*, Die allgemeinen UN-Menschenrechtspakte und ihre Verfahren, in: Merten/Papier (Hrsg.), Handbuch der Grundrechte, Bd. VI/2, 2009, § 174.

und Kommunikation radikal verändert. Sie müssen neu justiert und zum Zwecke des Einbaus von Machtgegengewichten und von Mechanismen der Reziprozität harmonisiert werden, und es muss darauf hingearbeitet werden, dass eine weitere Kolonialisierung wesentlicher Teile der Kommunikationswelt unterbunden wird.

Wer weiteren Schutz, insbesondere über internationale Vereinbarungen, sichern will, hat einen steinigen, vermutlich langwierigen Weg vor sich. Auch hier zeigt sich die Bedeutung der allgemeinen gesellschaftlichen Verhältnisse für die Entwicklung von Verfassungen. Geboten sind Vorkehrungen dafür, dass das Vertrauen in den Freiheitsschutz durch Verfassungsrecht nicht enttäuscht wird. Hier kann auch die Wissenschaft eine bedeutende Rolle spielen. Warum sollten etwa sozial- und rechtwissenschaftliche Analysen nicht auch dazu taugen, zur Zeit manchem noch utopisch erscheinende Vorgriffe auf neue Konzepte zu versuchen, wenn der Schutz des überkommenen Verfassungsrechts versagt, weil seine empirischen Prämissen sich verändert haben?

Der Erfolg des Bemühens um neuartige Gewährleistungen real wirksamen Freiheitsschutzes setzt Verbündete voraus – darunter auch in der Zivilgesellschaft einschließlich der Internet-Community. Nötig sind aber auch Ideen zur Schaffung einer globalen Einfluss ermöglichenden Rahmenordnung. Diese muss der gesamtgesellschaftlichen Bedeutung von Kommunikation Rechnung tragen, dabei auch der individuellen Selbstbestimmung mehr Raum lassen und eine grundsätzlich auf die Interessen aller abgestimmte Funktionsfähigkeit informationstechnischer Systeme gewährleisten, also auch die Vertraulichkeit und Integrität der IuK-Infrastrukturen. Hier entsteht auch ein

Prüfstein für die Frage, ab wann es realitätsnah ist, schon von der Emergenz einer Globalverfassung[36] zu sprechen.

Wer allerdings trotz radikaler Veränderungen das ruhige Wasser des Tradierten vorzieht und dadurch den Strudeln sozialer, ökonomischer und technologischer Veränderungen ausweichen will, kann Verfassungsrecht weiter so betreiben wie bisher. Wer aber Verfassungsrecht als Auftrag versteht, Antworten auf die Gegenwart und Zukunft zu geben, muss die gegenwärtig gelebte Verfassung immer wieder darauf befragen, ob sie angesichts veränderter gesellschaftlicher Verhältnisse noch leistungsfähig ist. Wo bieten die veränderten Prämissen Ansatzpunkte für veränderte Antworten und wie kann Veränderung prozeduralisiert werden? Solche Antworten müssen nicht allein in den nationalen Verfassungen gesucht werden: Wieweit aber können ihnen Aufträge an die maßgebenden Akteure entnommen werden, Freiheitsschutz auch außerhalb der nationalen Grenzen zu sichern, nicht zuletzt durch internationale Kooperation?

Die Globalisierung fordert globalisierte Antworten, letztlich einen globalisierten Freiheitsschutz, also eine entsprechend ausgerichtete Konstitutionalisierung. *Edward Snowden* hat die Geheimdienste der Welt erfolgreich in Unruhe versetzt. Das Anwachsen der Kommunikationsmacht der „Big Five" sollte ebenso Unruhe verbreiten. Jetzt ist es Zeit, dass auch uns Wissenschaftler Unruhe ergreift und dass wir die Unruhe produktiv nutzen und Impulse setzen, die auch der Politik Orientierung geben. Denn das, was zurzeit in der Kommunikationswelt zu be-

---

[36] Dazu siehe *Fischer-Lescano*, Die Emergenz der Globalverfassung, in: ZaöRV 63 (2003), s. 717 ff.

obachten ist – die praktische Unterminierung nationalen und europäischen Grundrechtsschutzes –, dürfte paradigmatische Bedeutung haben. Es erschüttert auch Grundlagen des öffentlichen Rechts – das besondere Thema dieses Gesprächskreises.